# ベストゲーム

## プロ野球最高の名勝負

古田敦也
＋ＮＨＫ取材班

# はじめに

二〇一四年、日本のプロ野球は八〇周年を迎えた。

日本で最初のプロ野球選手が一九三四年に誕生、ベーブ・ルース、ルー・ゲーリッグたちの大リーグ選抜軍と試合を行った。そして、年末に読売ジャイアンツの前身、大日本東京野球倶楽部が設立されて、プロ野球の歴史が始まったのだ。世界最初のプロ野球球団、プロスポーツチームが創設されたのは一八六九年、シンシナティ・レッドストッキングス。アメリカに六五年遅れたが、以来、八〇年の歴史のなかで、さまざまな名勝負が繰り広げられてきた。

自分自身、少年時代から球場やテレビで数多くの名勝負を観戦。プロ野球選手になった一九九〇年からは数々の名勝負の現場に関わり、目の当たりにして、野球の深遠な魅力にとらわれてきた。

ただ、その長い歴史のなかで「昔、こんな試合があった」「こんな奇跡的なプレイがあった」「あの選手のプレイは素晴らしかった」という話は埋もれていってしまう。誰かが語り継いでいかなければならない――いつの頃からか、それは自分の使命だと思うようになっていた。

「野球は筋書きのないドラマだ」とよく言われるが、嘘みたいな本当のエピソードがいくつもある。本当にこういうことが起きていた、思い続けていたことが現実になる瞬間、夢が叶う瞬間があった……その事実を当事者の方々に聞いて、伝えてみたいと思っていた。

そんなとき、とびきりの名勝負を紹介するテレビ番組をやってみないかという話があった。試合の当事者だった選手、監督、コーチ、スタッフに直接、取材できるという。また、タレントなど著名人のプロ野球ファンをスタジオゲストとしてお呼びして、名勝負について語り合ってほしいという。

それは、まさに自分がやりたいことだった。

自分が魅了されてきた名勝負には人智の及ばないところもある。

勝負のポイントはどこにあったのか？

いくら考えても、よくわからないことがあった。だが、当事者の方々から話を聞いてみれば、わからなかったことが見えてくるかもしれないと思っていた。

その番組が『古田敦也のプロ野球ベストゲーム』（NHK BS1）。まず、二〇一三年五月に「阪神・バックスクリーン三連発」が放送された（「Best Game File 11　阪神打線　怒濤のバックスクリーン三連発」）。おかげさまで好評を呼んで、その後、一一月から一〇回、レギュラー放送された。そして、何度か再放送もされている。

名勝負に秘められていた真相、真実。そして、そこに込められていた思いなどを聞くことができた。この番組で野球ファンの方々に、野球を志す子供たちに……次の世代の人たちに、野球の持つ〝夢〟を伝えることができたと思う。

本書はこの番組をもとに、つくられた。

テレビ番組として映像で残っていくだろうが、自分でも活字として残したいと思ったからだ。

この本では、ゲームの映像を見直して、試合の概要を説明している。そして、当事者だった方々の証言をもとに、自分の経験から、捕手としての「Catcher's eye」、打者としての「Batter's eye」、監督としての「Leader's eye」という三つの視点から、それぞれの試合のプレイと勝負のポイントを改めて分析して、考えてみた。

この本をつくることは、自分にとって、とても楽しいことだった。

もちろん、テレビ番組をつくっていたときも楽しかったのだが、さまざまな選手、監督、コーチ、スタッフの書き起こした言葉を読み直し、その意味を改めて考えていくうちに、また別の発見があったからだ。また、参考のために繰り返して番組を観ていくうちに、プロ野球の素晴らしさに万感胸に迫るものを感じた。

そして、改めて、思った。自分は本当に野球が好きなんだな、と。

その思いが少しでも読者の方々に伝われば、嬉しい。

古田敦也

もくじ

写真＝産経新聞ビジュアルサービス
本文DTP＝株式会社BIOS

Best Game File 01

二〇〇九年クライマックスシリーズ

# 楽天 栄光への敗北

北海道日本ハムファイターズ×東北楽天ゴールデンイーグルス

二〇一三年、日本一に輝いた楽天。その裏には、あと一歩で日本シリーズ進出を逃した四年前の悔しさがあった。二〇〇九年、野村克也監督の意識改革で快進撃を遂げて二位。クライマックスシリーズ第二ステージに挑んだが、四点リードしていた第一戦の九回裏、逆転満塁サヨナラ本塁打を浴びた。だが、この敗戦こそが栄光への糧となったのだ

第二シリーズ第四戦。敗退したが、両チームに胴上げされる楽天・野村克也監督

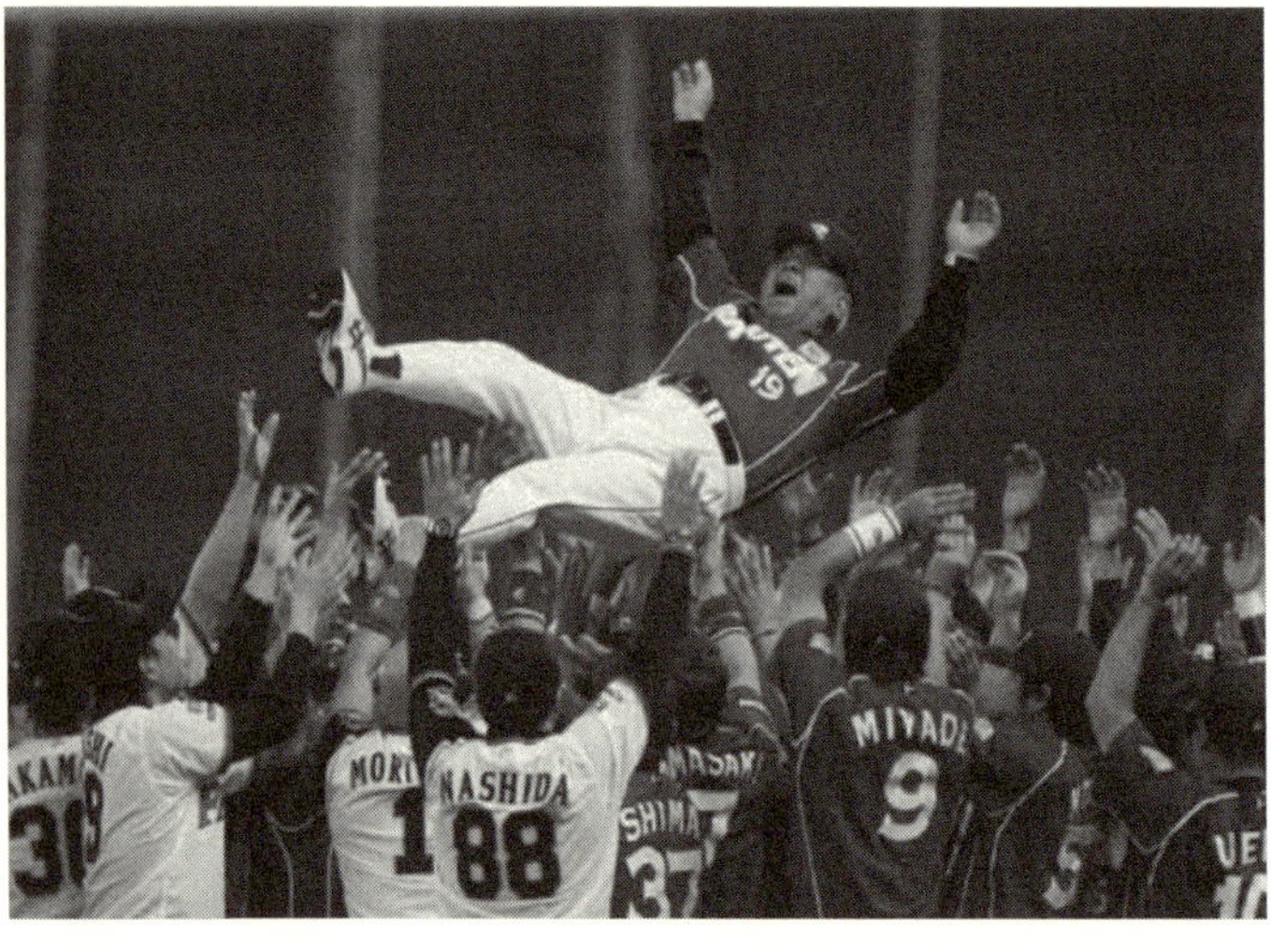

二〇一三年一一月三日、日本製紙クリネックススタジアム宮城（現・楽天Ｋｏｂｏスタジアム宮城）。東北楽天ゴールデンイーグルスは読売ジャイアンツとの日本シリーズ第七戦を戦っていた。ともに三勝三敗で迎え、この試合の勝敗で日本一が決まる。

楽天は九回表まで三対〇でリード。楽天の星野仙一監督はこの回から、田中将大を登板させた。田中は前日、一六〇球で完投しながら、四対二で敗戦投手になっていたが、自ら志願したのだ。

巨人は最後の反撃を見せる。五番、村田修一がセンター前ヒット。六番、坂本勇人は三振、七番、ジョン・ボウカーはファーストゴロに倒れたが、その間、村田がセカンドへ進む。

二死二塁で、八番、ホセ・ロペス。田中の一四二km／hの初球をライト前に流してヒット、二死一塁三塁となった。ここで、九番、脇谷亮太の代打、矢野謙次が打席に立つ。

初球、一四一km／hのスプリットは真ん中低めに外れてボール。二球目も一三九km／hのスプリットでワンバウンドしたが、矢野は空振りする。三球目も一三八km／hのスプリットでファウル。一ボール二ストライクに追い込んだ後、四球目も一四二km／hの外角低めのスプリットだったが、矢野が空振り三振する。ゲームセット。楽天の初優勝が決まった。

田中将大は両腕を高く掲げる。マウンドには楽天の選手、コーチ、スタッフが集まってくる。楽天は球団創設からわずか九年で日本一に輝いた。

しかし、この栄光の裏には、四年前に味わった大きな屈辱があった。

四年前、東北楽天ゴールデンイーグルスの監督を務めていたのは、弱小球団だったヤクルトを三回、日本一に導いた名将、野村克也だった。球団創設二年目の二〇〇六年から就任した野村監督は、四年目の二〇〇九年に万年Bクラスだった楽天を日本一まであと一歩のところまで大躍進させる。

## 五年目でクライマックスシリーズへ初進出

二〇〇九年一〇月二一日午後六時一五分、札幌ドーム。パ・リーグのクライマックスシリーズ第二ステージ第一戦がプレイボールした。レギュラーシーズン二位の東北楽天ゴールデンイーグルスは三位の福岡ソフトバンクホークスに対し第一ステージで二連勝、第二ステージ進出を決めた。

そして、一位の北海道日本ハムファイターズと日本選手権シリーズへの出場権をめぐって、六戦四勝先取制で争うことになったのだ(レギュラーシーズン一位の日本ハムには一勝分のアドバンテージが与えられていた)。

日本ハムの先発は武田勝。二〇〇五年の大学生・社会人ドラフト四巡目指名で日本ハムに入団したサウスポー。社会人野球のシダックスでは野村監督の教え子だった。この年、一〇勝九敗、防御率三・五五、楽天は六回対戦して一度しか勝てなかった天敵だった。

楽天の先発は永井怜。田中将大と同じ二〇〇六年のドラフト会議、大学生・社会人で一巡目指名で入団。二〇〇九年はチームで唯一、ローテーションを開幕から最後まで守って一三勝七敗、防御率三・三二という好成績を残している。

日本ハムは一回裏、先頭バッターの田中賢介がセンターオーバーの二塁打を放ち、二番、森本稀哲の犠牲バントで三塁に進塁。三番、稲葉篤紀は四球を選び、四番、高橋信二が犠牲フライで一点を先取した。一方、楽天打線も苦手な武田に連打を浴びせた。

二回表、先頭バッターの四番、山﨑武司がレフトへヒット。五番、フェルナンド・セギノールはライトフライに倒れたが、六番、中島俊哉がレフトへヒットを放って、一死一塁二塁。続く七番、草野大輔もレフトにタイムリーヒットで一対一に追いついた。

そして、四回表。先頭バッターの四番、山﨑はレフトフライに倒れたものの、五番、セギノールが四球を選んで出塁。六番、中島が右中間を抜ける二塁打で、一死二塁三塁のチャンスをつくる。続く七番、草野はセンターへ犠牲フライで勝ち越しの一点をあげた。さらに、八番、トッド・リンデンがライトへのタイムリーヒットで一点追加、三対一とした。

七回表に武田は連打を浴びて、ノックアウト。江尻慎太郎がリリーフしたが、二死満塁から山﨑武司が走者一掃のレフトオーバーの二塁打で三点追加して、六対一となった。

急成長した楽天は地力を見せつけた。一戦目の勝敗の行方は決まったかのように思えた。

## Leader's eye 古田の視点

万年Bクラスだった楽天は、なぜそこまで急成長できたのだろうか?

その秘密は「弱者の戦略」にある。

野村監督はチーム創設二年目から、楽天を率いた。監督は語る。

「自分の経験と知識をもとに全力投球して、結果は神に委ねるという。あの頃の楽天は弱いっていうより、話にならないレベルだったからね」

チーム誕生からしばらく、楽天は一向に上位進出ができなかった。

ところが、野村監督の「弱者の戦略」が徹底された二〇〇九年、いきなり二位に躍進。クライマックスシリーズに初めて進出することができた。

「弱者の戦略」は自分自身、ヤクルト時代に野村監督から教えられたものだ。

監督が言うには、弱いチームを強くするには、「当たり前のことを当たり前にやるのが基本になる」。そのことをベースにして、「野球は〇点で抑えれば、一〇〇%負けない。だから、エースと四番バッターという中心さえしっかりしていれば、勝手に機能していく」ということだった。

野村監督が楽天で、まず着手したことは、エースと四番バッターの育成だった。

「弱者の戦略」には、チームにエースと四番バッターがきちんといることが重要になる。

エースに関しては、プロ入り七年目の岩隈久志を主軸に据えた。

そして、二〇〇七年、田中将大が入団。二年をかけて、田中をエースとして育てていく。

四番バッター候補は山﨑武司。野村監督は「ミスター・イーグルス」という称号を与えて、不振が続いていた天才バッターを甦らせようとした。

山﨑は中日に在籍していた一九九六年、三九本のホームランを放って本塁打王に輝いていた。その後も中日の中軸として活躍するが、二〇〇二年は開幕から不調に陥り、四月末から二軍落ちする。さらに、当時の山田久志監督との確執が表面化して、わずか二六試合の出場に終わった。二〇〇二年のオフには平井正史とのトレードでオリックス・ブルーウェーブに移籍したが、オリックスでも伊原春樹監督と対立、二〇〇四年オフに戦力外通告を受ける。

そして、二〇〇四年一二月に新規参入した東北楽天ゴールデンイーグルスの田尾安志監督を中日の先輩、小松辰雄に紹介されて、楽天に入団した。二〇〇五年はチーム最多の二五本塁打を放ったが、相手投手にマークされて、厳しいコースをつかれては凡打を繰り返していた。

そんな山﨑に野村監督は、こう声をかけたという。「ホームランバッターのお前に、簡単にストライクを投げるヤツがいるか？　ピッチャーは怖がっている。それを考えろ」。

山﨑は、相手ピッチャーの心理を考えるようになった。

また、そこから配球を読むようになったため、調子を上げていった。

二〇〇七年は四三本塁打、一〇八打点でホームラン王と打点王の二冠を獲得。二〇〇八年から三年間、野村監督の指名で主将とチームリーダーを務めていた。監督は語る。

「山﨑には『四番を打つんだから、チームの中心ではなくて、やっぱりチームの鏡でいてほしい』とよく言っていた。監督の立場として、俺が『お前ら、山﨑を見習え』って言えるような四番バッターでいてほしかったんだ。そういう鏡のような存在がいれば、チームは勝手に機能していく」


もうひとつ、野村監督がチームに叩き込んだのは〝考える野球〟だ。

監督は毎年、スローガンを掲げていた。

二〇〇六年は「『無形の力』を養おう！」。

二〇〇七年は「シンク・ハード・ウィン・モア〜考えろ。そして勝利を掴め〜」。

二〇〇八年は「考えて野球せぃ！」。

頭を使うことを徹底してきたのだ。

野村監督の指導に選手たちは度肝を抜かれる。

二〇一三年の日本一にキャッチャーとして大貢献した嶋基宏は、ミーティングでの野村監督の言葉を細かく書き留めていた。そこには、考えることの重要性が記されている。

打撃はデータを活用、配球を読むのが大切なことだと教わったと嶋は言う。

「カウント別に打者はこういう心理でこう考えるとか、いろいろなことを教えていただきました」

考える野球の成果が、クライマックスシリーズ、二〇〇九年一〇月二一日の日本ハム戦での楽天キラーのピッチャー、武田勝の攻略につながった。武田の武器は大きく曲がるスライダーだった。このボールに楽天打線は翻弄されてきたのだ。楽天の二塁手だった高須洋介はこう言う。

「武田の真っ直ぐはスピードがそれほどないんですが、スライダーは普通の人よりも横に大きく曲がる。横のぶれ幅が大きいので、そこで惑わされる。なので、武田のスライダーは苦手でした」

クライマックスシリーズ前、野村監督は武田のレギュラーシーズンでのデータを徹底的に集めて、選手たちに示した。高須は続ける。

「カウントごとに配球が真っ直ぐかスライダーか、インサイドかアウトサイドかとか、投球パターンが一覧できるチャートもありました。すごく、勉強になりました」

野村監督はデータをわかりやすく整理して選手に渡し、「スライダーに手を出さず、ストレートを打て」というような指示を出していた。監督は言う。

「ヤマを張ろうってね。ヤマを張るというと山勘を頼りにするみたいだけど、根拠のある読みを持てということ。根拠のあるヤマなら、立派な戦術になる」

## 楽天には考える野球が浸透していたが……

四回表、一死二塁三塁。七番、草野が犠牲フライで勝ち越しの一点をあげた。データによると、武田は初球、ストレートを投げる確率が高い。草野は語る。

「初球からしっかりタイミングをとって、打っていこうと思っていました。ですから、ストレートのタイミングでしっかり入って……」

狙いすましたセンターへの犠牲フライは、データをもとにした、根拠のあるヤマを張っていたからこそ打てたものなのだ。草野は続ける。

「データがあると、より強く振り切れる。自信を持って、バットを振れますからね。真っ直ぐの確率が高いカウントだったら、真っ直ぐだと信じて、思いっきり振っていこうという」

楽天はデータを生かして、武田に連打を浴びせかけた。七回表、一死一塁。スライダーが苦手な一番、高須洋介も初球、ストレートに狙いを定めた。打球は左中間を破り、二塁打。一塁ランナーは三塁へ進み、一死二塁三塁。二番、渡辺直人は三塁ゴロに倒れて、三番、鉄平は敬遠のフォアボール。二死満塁で四番、山﨑が三球目、外角高めに浮いたストレートを振り抜くと、打球はレフトフェンスを直撃。ダメ押しとも思える二塁打で三点を追加した。野村監督は言う。

「野球はどう考えても、頭のスポーツなんだ。野球には次のことを考えて、備える時間がある。考えて、プレイする。それが、野球だと思う」

野村監督が就任して四年、楽天には考える野球が浸透していた。

その結果が、武田を六回三分の一、九安打で見事ノックアウトしたことに表れたのだ。

ところが……八回裏。好投を続けていた永井は先頭バッターの一番、田中を空振り三振に打ち取るが、二番、森本にセンター前ヒット、三番、稲葉にセンターオーバーの二塁打を打たれる。

そして、四番、高橋がセンターへタイムリーヒット。一点を返された。

なおも、一死一塁三塁、楽天はピッチャーを永井から藤原紘通にスイッチする。

だが、藤原は五番、ターメル・スレッジにタイムリーを打たれて、追加点を許す。

すかさず野村監督は藤原を降ろして、三番手の小山伸一郎をマウンドに上げた。小山は六番、小谷野栄一に対して暴投で二塁三塁としたが、空振り三振に打ち取った。

ところが、ここで代わった四番手ピッチャーの有銘兼久が七番、糸井嘉男の代打、二岡智宏への初球、暴投。一点を献上、二点差に迫られる。そして、二岡は四球で出塁した。

野村監督は中継ぎ四人目、五番手の川岸強を投入する。八番、大野奨太の代打、稲田直人をレフトフライにして、ようやくスリーアウトとした。

楽天はこの回、三点を許して、二点差まで詰め寄られた。

考える野球が浸透してきた二〇〇九年。三年契約を一年延長して就任四年目を迎えた野村監督は、それまでとはまったく違うスローガンを掲げた。

「氣～越えろ！」

三年目の二〇〇八年は、五位と成績が低迷した。

その理由として、楽天の選手たちには勝利への気迫が足りないと考えたからだ。

野村監督は精神野球を嫌悪している。「気力」をスローガンにすることは、野村監督らしからぬことだった。ただ、気力は技術や考える力をつける原点にもなるものだ。監督は語る。

「プロでありながら、体力、気力を問題にしなければならないのは、あんまりにも寂しすぎる。プロである以上、知力という分野で勝負するのが普通だと思っていたんだけど、まだそういうレベルに達していないということを痛感した。だから、あえて気力を前面にした」

「氣～越えろ！」というスローガンで、野村監督は選手たちを叱咤、鼓舞したのだ。

楽天の選手たちは気力を振り絞り、レギュラーシーズン二位を確保して、クライマックスシリーズ進出を勝ち取った。しかし、初めての大舞台で楽天は〝気〟のもろさを露呈させてしまった。

なぜ、中継ぎ投手陣は大乱調に陥ったのか？　まず、試合間隔が空いてしまったことがあげられる。クライマックスシリーズ第一ステージ第一戦は一〇月一六日に行われたが、岩隈久志が完投。一〇月一七日の第二戦も田中将大が完投、両試合とも中継ぎ投手陣の登板はなかった。中継ぎ投手が登板したのは一〇月一一日のソフトバンク戦以来で、一〇日間、空いてしまった。

さらに、中継ぎ二人目として登板した小山伸一郎は、暴投の理由をこう告白する。

「真ん中にいったら打たれるんじゃないか、アウトコースを狙うとちょっとでも甘くなったら、打たれるんじゃないか……。正直、何か自分のなかでどこか引いてしまったところがあった。それで、キャッチャーがアウトコースに構えていたのに、もう全然、とんでもないところに投げてしまったんです。正直、自分のなかで逃げた部分がありました。やばい状況に対応できないというか、自分の経験のなさというか……」

初めてリーグ優勝を争う大舞台。その緊張感は実際にマウンドに立ってみないとわからないものだ。しかも、アウェイの球場で敵チームのファンが圧倒的だったなら、なおさらだ。

ただ、この経験が二〇一三年の楽天の日本一につながったとも言える。

二〇一三年の日本シリーズ第四戦。四回裏に登板した小山は犠牲フライで一点を奪われたものの二死満塁のピンチを何とか切り抜けた。四年前の暴投を大きな糧としたのだ。小山は言う。

「四年経って、また投げられたので、あの経験は自分には無駄ではなかった」

## 経験のなさが敗因になった

八回裏に追加点を許して、楽天は二点差に詰め寄られた。だが、すかさず九回表に反撃する。先頭バッターの九番、中谷仁がライトオーバーのヒットで出塁。七回に高須の代走に起用されていた一番、小坂誠が送りバントで中谷を二塁に進める。二番、渡辺は一塁へのファウルフライで倒れたが、三番、鉄平が二ランホームランを放って、四点差にリードを広げた。

だが、最後の最後、劇的なドラマが待っていた。

九回裏。楽天の勝利を阻んだのは、日本ハムらしい粘りの攻撃だった。

この回から楽天の押さえの切り札、福盛和男がマウンドに上がった。大リーグから復帰したこの年、七勝一敗一〇セーブ、防御率二・一八の好成績。セーブ失敗はわずか一度、その試合でも最後まで投げて勝利投手になっている。全幅の信頼を置ける抑え投手のはずだった。監督は言う。

「まさに人事を尽くして天命を待つという心境だった」

先頭バッターの九番、金子誠はライト前に落ちるかと思われた打球を二塁手の小坂が好捕。セカンドフライに打ち取ったが、その後は大乱調だった。

一番、田中は六球目のストレートをライトへヒット、二番、森本は初球のカーブをピッチャー返しでセンターへヒット。一死一塁二塁で三番、稲葉は初球のストレートを詰まらせ気味ながらもセンターへ運んでタイムリーヒット。八対五と三点差とした。

そして、なおも一死一塁二塁。四番、高橋へはフルカウントからの八球目のフォークが外れて、フォアボール。傷口を広げて、一死満塁の大ピンチをつくってしまう。

高橋は四番バッターでありながら、次につなぐことに徹した。

日本ハムの監督だった梨田昌孝は振り返る。

「当時の日本ハムの場合、高橋信二や小谷野栄一とか本当の四番バッターではなくて、バントもできる、右打ちもできるつなぎの四番だった。しっかりした四番バッターがいなかったんだけど、精一杯、次につなげていこうという姿勢が大きな仕事につながったと思うんです」

高橋は次の五番、スレッジにつなげて、一発逆転を託した。

このとき、野村監督はスレッジを押さえる方法をバッテリーに示していた。

ところが、なぜか野村監督の戦略と福盛の思惑が食い違ってしまう。監督は語る。

「ミーティングでは、スレッジ攻略はストレートでの勝負を避けろとやかましく言っていた。ストレートを見せ球にして、フォークを低めで攻めるのを基本にしろとね。ストライクを一つ取ったら、あとはストライクはいらないというくらい。そういう極端な攻め方でいい。キャッチャーの立場からすると、非常に勝負しやすいバッターだったんだけれどね」

## 劇的な逆転サヨナラ満塁ホームラン

打ち気にはやるスレッジには、ボールになるフォークを投げれば、空振りをしてくれる。野村監督はそう読んでいた。初球は狙い通りフォーク、スレッジは空振りする。

二球目以降もフォークでいいはずだった。

だが、福盛は捕手の中谷のサインに首を振って、なかなか投げない。監督は続ける。

「うわ～って思った。もう、一生忘れん。福盛が首を振ったときに、本当に血の気が引いたよ。身の毛がよだつというか、血液が全部どっかに流れちゃった。いかんと思ったんだけれども……」

運命の一球。福盛が選んだのは、フォークやチェンジアップなど落ちる球でなく、ストレート系のツーシームだった。コースは外角低めを狙った。福盛は言う。

「僕のなかではファウルを打たそうと考えていた。フォークボールは基本的にはボール球にしなければいけないボールなので、振ってくれればいいんです。だけど、一回アウトコース低めでファウルを打たせたいという思いが先に頭にあったのかもしれません。一ボール一ストライクにしたくなかったんだと思います。たぶん、それだけ精神的に追い込まれていたってことです。余裕があれば、フォークを投げますけど、余裕がなかったんだと思います」

福盛のスレッジへの二球目は、わずかにインサイドに入った。

打球はレフトに向かっていき、スタンドに吸い込まれていった。

逆転サヨナラ満塁ホームラン。信じられない幕切れだった。第一戦に負けて、日本ハムにはレギュラーシーズン一位のアドバンテージの一勝があるため、いきなり二敗ということになる。

これで楽天は完全に勢いを失い、クライマックスシリーズ第二ステージを一勝四敗で敗退する。

## Catcher's eye 古田の視点

この試合をベンチで見ていた嶋基宏は、一球の怖さを思い知らされたと言う。

「一球一球、根拠を持って攻めないと、その一球が痛い目に遭う。そのことを痛感しました」

「ただ真っ直ぐ投げていたら打たれるぞ。何が最適か考えろ！」――嶋は野村監督に教えられた「考える野球」の大切さをいまも噛みしめている。嶋は続ける。

「準備が大事だといつも言われていました。キャッチャーとして相手を研究して、試合が終わった後は復習して、球場に来たら予習して……。野村監督にはたくさんのことを教えていただきました」

ピッチャーに首を振られたときに、そのまま押し通すのか、サインを変えるのか、キャッチャーとして悩ましいところだ。

ただ、福盛和男とバッテリーを組んでいた中谷仁はあまり経験のないキャッチャーだった。なので、経験豊富な福盛が首を横に振っていたから、サインを変えたのだろう。

この場面、経験豊富なキャッチャーだったら、福盛は首を振っていなかったかもしれないし、ピッチャーが首を振ってもキャッチャーはサインを変えなかったかもしれない。

また、ベテランのキャッチャーなら、ピッチャーが譲れず、どうしても投げたいボールがあったら、絶対、甘めに入らないようにしていたはずだ。

野村監督は自分もキャッチャーだったから、もどかしかっただろう。

嶋もベンチで見ていて、それが痛いほどわかったはずだ。だからこそ、嶋は楽天の正捕手として二〇一三年の日本一に貢献することができたのだ――監督はいま、こう振り返る。

「あそこで負けて、よかったんじゃないかな。いや、よかったという言い方は語弊があるけど、選手たちにはすごい経験になって、その後の財産になった。悔しさはバネになるし、ああいう大試合からはいろいろな課題が見えてくる。勝負ごとというのは、負けたり、失敗したことから学ぶことのほうが多い。あの試合があったから、楽天の四年後の日本一があったんじゃないかな」

## 敵地で敗戦した監督の異例の胴上げ

野村監督は日本一の栄冠を、自らの手で勝ち取りたかったはずだ。

だが、クライマックスシリーズを戦っているときには、シーズン限りの退任が決まっていた。

一〇月一一日、ソフトバンクとのレギュラーシーズン最終戦の直前、日本製紙クリネックススタジアム宮城の監督室を楽天球団社長の島田亨と球団代表の米田純が訪れた。

野村監督はてっきり、五日後から始まるクライマックスシリーズの激励かと思っていた。だが、島田から意外なことを告げられた。

「今季限りで辞めていただきます」

野村監督は驚きに息を飲む。

そして、聞いた。

「万が一、日本一になっても、クビですか？」

島田は冷徹に答える。

「勝っても負けても、辞めていただきます」

この一言で、野村監督はすべてのやる気をなくしてしまったという。

球団創設一年目は三八勝九八敗という散々な成績だったチームを、就任四年目、七七勝六六敗でレギュラーシーズン二位まで引き上げた手腕をフロントは、認めていなかった。

ただ、わかっていなかったのは、フロントだけだったのかもしれない。

一〇月二四日、札幌ドーム。日本ハムはクライマックスシリーズ第二シリーズ第四戦で、楽天に九対四で勝利。日本シリーズ進出を決めた後、奇跡的なイベントが行われたのだ。

ホームでクライマックスシリーズ勝利を決めた日本ハムのセレモニーの後、ライトスタンドの楽天ファンの前に野村監督をはじめ楽天の選手、スタッフが整列、挨拶が行われた。

日本ハムの選手、スタッフもそれを拍手で讃える。

ヤクルト時代の教え子、日本ハムの吉井理人投手コーチが野村監督に駆け寄っていく。梨田昌孝監督がそれに続き、やはりヤクルト時代の教え子、稲葉篤紀も駆け寄る。

そして、グラウンドに楽天、日本ハム両チームが集まり、野村監督の胴上げが始まったのだ。試合後、野村監督はこう語っている。

「わがまま言わせてもらえれば、もう一年やらせてもらいたかった。石の上にも三年、風雪五年。四年は中途半端だった。まだ選手にやってほしいことがいっぱいあった」

野村監督の思いを引き継いで、楽天の選手たちは四年後の日本一を勝ち取ったのだ。

Best Game File 02

二〇〇六年パ・リーグ プレーオフ

# 負けないエース涙の理由

福岡ソフトバンクホークス
×
北海道日本ハムファイターズ

ソフトバンクの負けないエース、斉藤和巳。沢村賞二回、歴代一位の通算勝率七割七分五厘と、素晴らしい成績を残して二〇一三年に引退した。二〇〇六年のパ・リーグ　プレーオフ第二シリーズでも完璧な投球。ところが、九回裏、内野安打一本で敗れる。そして、マウンドで涙を流した。その涙の裏にあったものとは？

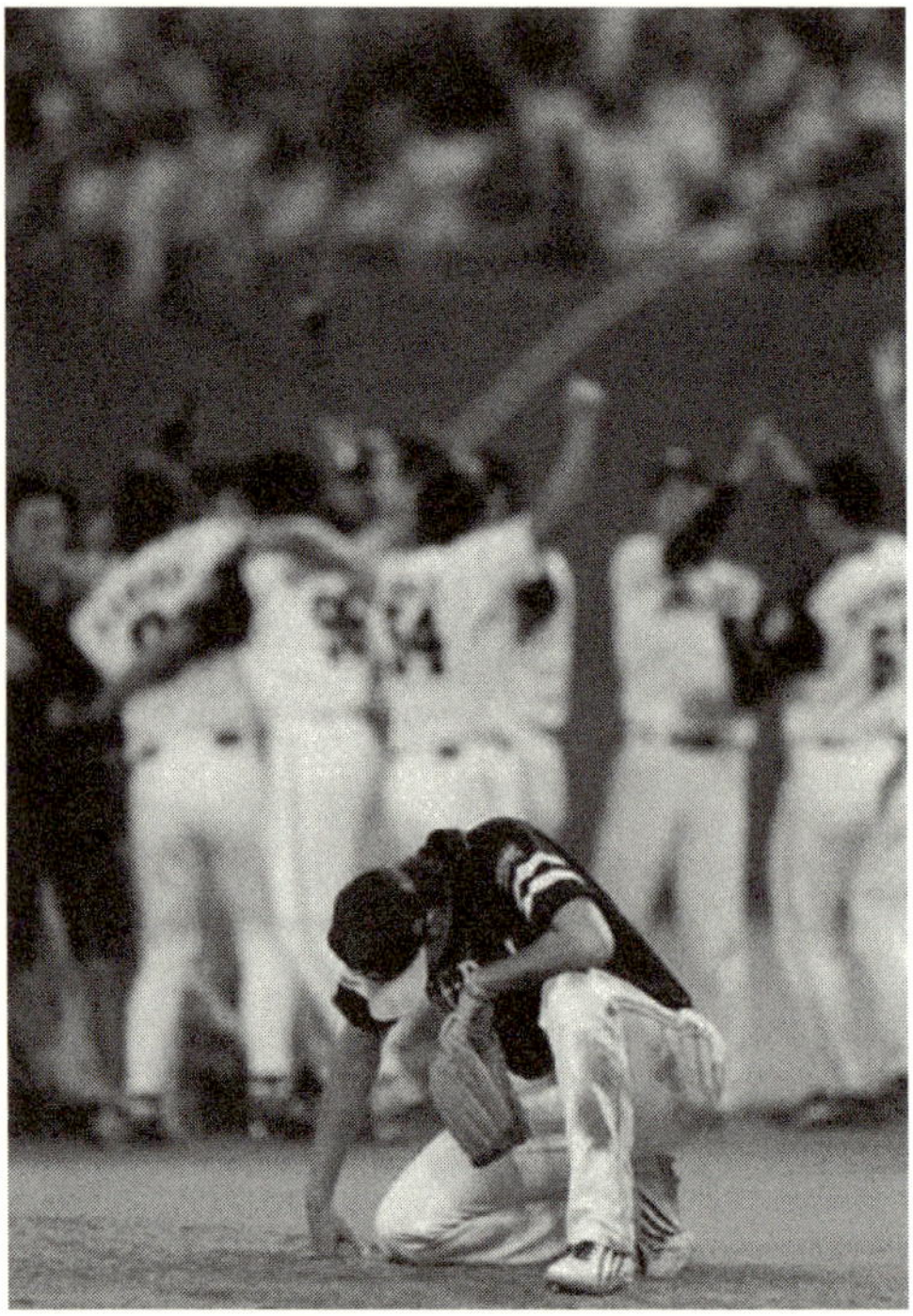

決勝の一点を取られて、日本ハムがリーグ優勝。斉藤和巳はマウンドでうずくまり、涙を流した

二〇一三年七月。「負けないエース」と呼ばれた男が、静かにグラブを置いた。福岡ソフトバンクホークスのピッチャー、斉藤和巳。七月二九日、現役復帰断念を表明したときのことだ。

「ピッチャーでよかったなと思っていました」

斉藤はこう語り、再び、涙した。

球界一の投手と言われながらケガに苦しみ、全盛期はわずか四年だった。

最後の輝きを放った試合は、二〇〇六年のパ・リーグ優勝をかけた、北海道日本ハムファイターズとのプレーオフ第二ステージ第二戦だった。

ソフトバンクはペナントレース三位。二位の西武をプレーオフ第一ステージで二勝一敗で下し、第二ステージに進出していた。

この年、斉藤は二度目の沢村賞に輝き、最優秀防御率（一・七五）、最多勝利（一八勝）、最多奪三振（二〇五個）、最高勝率（七割八分三厘）。

投手タイトルを総なめにした。完封も五試合とリーグトップで、一九八一年の江川卓以来、二リーグ分立後、四人目の投手五冠を達成している。現役通算七九勝二三敗。通算勝率は七割七分五厘。

「負けないエース」と呼ばれたゆえんだ。

## 斉藤和巳の圧倒的なピッチング

二〇〇六年一〇月一二日。パシフィック・リーグのプレーオフ、第二ステージ第二戦。

日本ハムは前日の第一戦を三対一で勝利、リーグ一位の一勝分のアドバンテージがあるため、日本選手権シリーズ進出に王手をかけていた。ソフトバンクにとって、負けられない試合だ。

先発の斉藤は日本ハム打線を力でねじふせていった。

対戦した森本稀哲はこう証言する。

「本当に一人では打ち崩せない。九人で束になって勝負していかないと、なかなか打ち崩せないピッチャーでした」

日本ハムの先発は八木智哉だった。希望枠入団のルーキーながら、この年、一二勝八敗で新人王を獲得。ダルビッシュ有らと先発の柱としてリーグ優勝に貢献している。

九回表まで〇対〇。息が詰まるような投手戦だった。

斉藤は一〇月七日、西武とのプレーオフ第一シリーズ第一戦で先発していた。

ソフトバンクは松坂大輔から安打六、与死球四と好機をつかみながら無得点で敗戦した。だが、斉藤も被安打四、与四死球二、失点一で完投、好投していたのだ。

そして、斉藤は中四日でチームの命運を託された。

斉藤は疲れを感じさせない圧巻の投球を見せていた。

一五〇km／h近いストレートに球速の差が三〇km／hもあるスローカーブ、そして、するどく曲がるスライダー。さらに、決め球のフォーク――力と技で日本ハム打線を翻弄した。斉藤は言う。

「長いイニングを投げるとかって、そんなもの関係なく、ですね。もう目の前のバッターを抑え込むっていう。状況は関係なく、という感じでやっていました」

斉藤の決め球、フォークは、ストレート並みのスピードが最大の武器だ。

この試合のフォークは、時速一四四km／hを記録している。

## Catcher's eye　古田の視点

斉藤のフォークは、ストレートとほぼ変わらない速さで大きく落ちる。だから、なかなか打てない。

実際、この年のシーズン中、フォークの被打率は一割五分八厘だった。ほとんど打たれていない。

対戦した日本ハムの稲葉篤紀は言う。

「彼のフォークは、真っ直ぐと同じ軌道から最後、打つ瞬間に落ちる。すごくやっかいでした」

フォークは通常、人差し指と親指でしっかりと挟むのだが、斉藤は違ったと語る。

「僕は縫い目に人差し指、中指の両方を当てるので、そういうイメージはないですね。昔はガッツリ握っていたんですけど、手首を真っ直ぐに近くして、指先っていうか、指の第一関節のところで縫い目に沿ってつかむ感覚です」

フォークの名手、ロッテの村田兆治はダンベルを右手人差し指と中指に挟むなどのトレーニングをして、しっかりとボールを挟み、指を縫い目にかけなかった。斉藤は続ける。

「そういうピッチャーの方は、僕のフォークよりも落差が大きいと思います」

ところで、フォークボールはなぜ落ちるのだろうか？

ボールを投げると、基本的に縦回転のスピンをする。

ストレートの場合、基本の握り方はフォーシームだ。フォーシームとは人差し指と中指を同じ縫い目を横にかけた握り方で、ボールが一回スピンするときに縫い目が四回、通過する。すると、スピンがかかりやすい。また、スピンが一回転するときにボールの四分の一ごとにある縫い目が四回通過することに規則性があって、空気抵抗が安定するため、ストレートの軌道を描くのだ。

一方、人差し指と中指を縦の縫い目に沿ってかけるツーシームという握り方の場合、一回スピンするごとに縫い目が二回通過するが、二つの縫い目は等距離でないため、空気抵抗が不安定になる。そのため、スピンがかかりにくく、不規則な変化をするのだ。

通常のフォークボールは、人差し指と中指を広げた深い握りで、縫い目に指をかけないこともあるが、基本はツーシームだ。そして、スピンがかからないように抜くように投げて、さらに空気抵抗を増やして、ボールを落とす。

斉藤のフォークボールの握り方もツーシームだ。だが、浅い握りなので人差し指と中指の根本がしっかりと縫い目にかかり、さほどスピードとコントロールを殺さなくて済むのだ。

ボールを深く挟み、人差し指と中指を縫い目にかけない、村田兆司のようなフォークは、大きな落差を生み出すものの、球速は出ない。

一方、浅く握るフォークは、落差がそれほどでもないが、ストレートと球速はほぼ変わらない。

斉藤のフォークボールは、落差よりもコントロールとスピードを重視しようと、握りを浅く、軽くしていた。そのため、人差し指と中指だけでなく、実は親指も縫い目にかけている。すると、ストレートに近い握りになって、コントロールもスピードもつきやすくなる。三本の指でボールを支えてうまく落とす、スプリットフィンガー・ファストボール系のフォークボールなのだ。だが、対戦したバッターの多くは「斉藤のフォークは落差が大きかった」と証言する。本人は「空振りを狙うというより、芯を外すというイメージです」と語るが、バッターには落差が大きく見える。

斉藤のフォークの落差が大きく見える秘密――それは、彼の長身を生かした、高いリリースポイントにあった。斉藤は身長一九二㎝、その分、腕も長い。他のピッチャーより高い位置から投げ降ろしているため、かなりの角度がある。

斉藤の場合、もともとボールのリリースポイントが高い。身長一九二cmから投げ下ろしたボールには角度があるから、バッターはストレートにも落差を感じる。そのため、斉藤のフォークボールには、落差が大きいイメージがあるのだ。

## Batter's eye　古田の視点

斉藤はフォークを駆使して、八回まで二塁を踏ませない完璧なピッチングを続けていった。この試合、ソフトバンクは負ければすべてが終わる。斉藤は故障がちだったこともあって、シーズン中は中六日だったが、中四日での登板。どうしても負けられない理由があったからだ。斉藤の先発を予想していたと日本ハムのヘッドコーチ、白井一幸は言う。

「なかなか打ち崩せるピッチャーではない。でも、王手がかかっていたので、必ず斉藤がくることは想定していました。だから、やっぱりきたかという」

前年の二〇〇五年、日本ハムは斉藤に一勝もできなかった。二〇〇六年は日本ハム戦四試合に先発して一勝二敗。だが、防御率は一・八〇と日本ハム打線を封じている。

ただ、日本ハムは斉藤攻略の秘策を用意していた——打線は八回まで散発四安打に抑えられていたが、それが九回裏に実を結ぶことになる。

日本ハムの斉藤攻略の秘策。それは、Bクラスが定位置だった日本ハムを強豪に変えた名参謀、白井によって練られた。そして、選手たちに春のキャンプから、その秘策を特訓させていたと語る。

「ニストライク後、徹底的に粘れ、と。当時『ニストライクアプローチ』と呼んでいました」

「ニストライクアプローチ」。それは、徹底して球数を投げさせ、徐々に斉藤にダメージを与えていこうとするものだった。白井は続ける。

「できるだけ多くのボールを投げさせることを意識するように、いつも試合前から伝えていました。どんなピッチャーでも、ニストライクに追い込んだら、失投は少なくなります。だから、ファウル、ファウル、ファウルで粘りながら、相手の球数を増やす。ニストライク後、徹底して粘っていくという。そして、甘いボールがくるのを待って、甘いボールがきたらヒットにする」

日本ハム打線が春のキャンプから特訓してきた「ニストライクアプローチ」。それが徹底して行われた五回裏の攻撃だった。

先頭の五番、稲葉は八球投げさせて一塁ゴロ。六番、ＳＨＩＮＪＯ（新庄剛志）は六球で空振りの三振。七番、稲田直人は七球でセンターへのヒット。八番、鶴岡慎也は七球で空振りの三振。この回、四人合計で二八球、ニストライクから粘って、斉藤の球数を増やした。

一方、斉藤は無我夢中で投げていて、日本ハム打線の戦略に気がつかなかったという。

「シーズン中だったらたぶん感じていたと思うんですけれど、あのときはシーズン以上の気持ちで、とにかく目の前のバッターに向かっていた」

斉藤を攻略した日本ハムの秘策「ニストライクアプローチ」。

ファウルで粘ることが一番のポイントだが、このことはそんなに簡単ではない。

普通、カットしてファウルしようと思うと、バッターは両手が伸びる前の状態で打つことになり、ボールは正面に飛んでしまう。バットコントロールでいうと、手首を甲側に反らせて、いわゆる〝手をコックする〟状態から手を伸ばしたときにヘッドスピードがあがるため、そこでボールをとらえると、ボールに勢いが乗る。

ただ、ミートポイントを前にしようと意識しすぎると、プロの投手はいろいろな変化球を投げるので、例えばホームベース直前で曲がるボールは空振りをしてしまう。

ミートポイントを下げる必要があるのだが、それには少し後ろで打つようにするのだ。

そうすると、芯に当たっても、振り遅れ気味になってしまうから、ボールが飛んでも逆方向になる。流し打ち気味になるというか、ファウルになりやすい。

だから、打ちたいポイントより、距離で言うと五〇㎝ほど後ろに引きつけてボールを見られるバッターはファウルでねばることができるし、ボール球も振らなくてもすむ。

すると、長打は出にくくなるのだが、結果、ヒットは打ちやすくなる。

ニストライクになるまでは長打狙いで大振りしていても、ニストライクに追い込まれたら、バットを短く持って粘るようにするのだ。振り遅れるのでなく、ミートポイントを後ろにしてファウルで粘る打法は、一朝一夕でできるものではない。技術的にむずかしいので、プロでもこの打法ができない選手もいる。そのため、日本ハムは春のキャンプから特訓をしていたのだ。

「ニストライクアプローチ」はバッテリーにとって、やっかいだ。

ピッチャーの球数は増えるし、カウントも悪くなっていくからだ。自分自身、現役時代、同じように粘るバッターに「はやく打てよ」と言った記憶もある。

## 九回裏、弱気になったピッチング

やがて、日本ハム打線は斉藤のフォークをとらえ始めた。

「ニストライクアプローチ」の効果が現れてきたのだ。斉藤は言う。

「途中から、ちょっと疲れが出始めて……。フォークがちょっと浮き出した」

白井も同じことを感じていた。

「フォークが浮き出したってことは疲れてきている証拠ですし、そこでひょっとしたらチャンスがあるんじゃないかって思っていた」

九回裏。斉藤のピッチングは〝守り〟に入ったように見えた。

そして、このことが、日本ハムに勝負の流れを引き寄せることになった。

両チーム無得点の九回裏。先頭バッターは森本稀哲、一番から始まる好打順だ。

札幌ドームの日本ハムファンの期待は最高潮に達していた。斉藤はこう言う。

「ちょっと飲まれているような球場の空気を感じた。九回裏というところで、サヨナラがあることが脳裏によぎってしまって、先頭バッターを出したらダメ、フォアボールは一番ダメだって、マイナス思考になったところがありました」

それまでは攻め続ける、積極的なピッチングをしていたが、消極的な発想が入り、〝守り〟になってしまったのかもしれない。また、斉藤はマウンドでの強気の投球の印象が強いのだが、性格としては強気というわけではなかったと語る。

「メンタルはかなり、脆いほうです。登板の日は毎試合、ずっと胃が痛くなる。マウンドに上がるまでずっとで、ひどいときは胃薬を飲むこともありました。でも、背負えるものは全部背負って、逆に『いったれ』という気持ちにしていった。そこで、自分の力が出せるのであれば、そうしようと決めていたんです」

慎重になった斉藤は、変化球を投げ続ける。しかし、ストライクが入らなかった。

カウントは、三ボールノーストライク。森本はそのとき、こう考えていたと言う。

「後はもう、ただ祈るだけでしたね、ただ、祈っているだけでした。タイミングは取っているんですけど、ボールになってくれって祈っていた。俺の運、ここで使うんだと」

四球目。外角に外れて、森本はストレートのフォアボールを選ぶ。

斉藤は、サヨナラのランナーを出してしまった。

## フォークを狙っていた稲葉篤紀

続く二番、田中賢介は二球目、送りバントを決める。次のバッターはチャンスに強い三番、小笠原道大。この年、本塁打と打点の二冠を獲得している。ワンヒットでサヨナラ負けの局面、ソフトバンクのベンチとバッテリーは敬遠することを選んだ。

一死一塁二塁で、四番、フェルナンド・セギノール。レギュラーシーズン、斉藤は一二打数一安打に抑えている。その安打はホームランだったのだが、この日も第一打席はセカンドゴロ、第二打席は三振、第三打席も三振と仕留めていた。

初球は内角を一塁線のファウル、二球目も外角を振り遅れてファウル、二ストライクに追い込んだ。三球目は外角に外してボール。四球目の一四四km／hで空振り三振に打ち取った。

二死一塁二塁、打席には五番、稲葉篤紀が入る。

この場面で斉藤が底力を見せる。稲葉は言う。

「これがまた速くて、まだこんな力残っているんだなってすごく感じた」

初球は一五一km／hのストレート、わずかに外れて一ボール。

そして、二球目。真ん中低め、一四二km／hのフォークだった。斉藤は言う。

「一球目がボールになったことで、そのイニングがやっぱりすべてマイナス思考に働いてしまった部分があった。ボールが先行したけれど、一番自信があるフォークをアウトコースでストライクを取れれば、カウントを取れる。ファウルか、もしくは芯をはずせて内野ゴロかと思ってました」

稲葉はフォークを読んでいたと言う。

「フォークを狙っていたんですよ。ランナーが二塁にいましたし、そう簡単に真っ直ぐでカウントを取りにこない。だったら、フォークのストライクだ。しかも、ちょっと浮いてきたので、それを狙って打っていこうという」

この試合、一二七球目。斉藤は狙い通り、ゴロを打たせた。センターへ抜けそうな痛烈なゴロだったが、二塁手、仲澤忠厚が追いついて好捕。一塁ランナーの小笠原をフォースアウトにしようとベースカバーに入った遊撃手の川崎宗則へトスした。このとき、一塁ランナーの小笠原が二塁に迫っていた。仲澤は語る。

「グラブトスをしたらいいのか、一瞬、悩んだ。トスしても間に合うのかというタイミングで、結局、トスになったんですけど」

仲澤の送球はわずかに逸れ、川崎は捕球で態勢が崩れたために二塁ベースを踏むのが遅れて、判定はセーフだった。このときのことを、斉藤はくっきりと記憶している。

「アウトになってくれって祈っていた。審判がセーフとした瞬間、やばいと思って後ろを振り返ったら……。スローモーション、すべてがスローモーションで見えた感じでした」

このとき、二塁ランナーの森本は三塁を回っていた。

そして、三塁コーチ、白井の指示で一気にホームに突っ込んでいた。白井はこう証言する。

「私は手を回しながら何をしていたかっていうと、二塁手がトスするか、ホームに投げる体勢を取るのかだけを、ずっと見ていた。そのままトスにいったので、これはもうそのままでいこうという」

もし、仲澤がトスをしなかったら……。白井は「ホームに投げる体勢をとっていたら、止めていましたね」と振り返る。斉藤は語る。

「もう本当に真っ白になったというか、その後、少し覚えていないぐらいの感じでした。言葉にするのがむずかしいくらいの、そこに賭けていたという。自分の肩はどうなってもいいくらいの気持ちで、その一戦にかけていた」

森本はホームインした。

日本ハムのサヨナラ勝ちだ。そして、この瞬間、日本ハムの日本シリーズ進出が決まった。

札幌ドームのグラウンドは日本ハムの選手、スタッフの歓喜の輪に包まれた。敗戦が決まった瞬間、斉藤はマウンドで片ひざをついて崩れ落ちた。うずくまり、立ち上がれない。一塁手のフリオ・ズレータ、三塁手のホルベルト・カブレラが駆け寄って、両脇から抱きかかえられながら、斉藤はベンチに戻る。

クライマックスシリーズ二試合に先発、一六回三分の二を二失点に抑えたが、打線の援護は一点もなかった。たった一本の内野安打に涙を流した。

初秋の静まり返った札幌ドームのロッカールームに、孤高のエースの嗚咽が響いた。

マウンドの斉藤の姿を見ていた白井の胸にも迫るものがあったと言う。

「斉藤のあのマウンドでの姿、マウンドを降りていく姿は、僕らのなかに、日本ハムのチームのなかに強烈に映った。これからパ・リーグの代表として、斉藤やホークス、リーグの他のチームの思いをすべて背負って、日本シリーズを戦うんだという気持ちを強くした。本当に素晴らしい投球でしたし、あのマウンドの姿から、本当に大きな責任をもらったなと思います」

## 斉藤に継承された「王イズム」

斉藤がマウンドで流した涙。その裏には、彼が背負った「チーム」への責任があった。

この年、王貞治はダイエー時代からホークスを率いて一二年目。ただ、シーズン中、七月六日から胃癌の治療のため休養していた。

このポストシーズン、ソフトバンクには戦線離脱した王監督への熱い想いがあった。

巨人の九連覇を支えた名選手、王貞治。一九八四年から五年間、巨人監督を務めた後、一九九五年に福岡ダイエーホークスの監督に就任、一九九九年にリーグ優勝、日本一を獲得するなど、弱小チームを常勝軍団に育て上げた。二〇〇五年にソフトバンクへ球団譲渡後も監督を続投、GMも兼任。また、二〇〇六年三月に開催された「第一回 ワールド・ベースボール・クラシック」日本代表チーム監督として、初代王者へと導いている。

「負けないエース」斉藤を育てたのは、王貞治の「王イズム」だった。

王貞治は野球にストイックな理念を持つことで知られるが、「王イズム」とは「敵にも自分にも勝つ」という戦ううえでの心構えを基盤としている――斉藤和巳は一九九五年のドラフトで南京都高等学校から一位指名されて、福岡ダイエーホークスへ入団。プロ入り一年目から、王イズムを徹底的に叩き込まれてきた。斉藤は語る。

「勝つという思いは、王さんは誰よりも強かった。温厚な感じだと思われている方がほとんどかもしれませんが、試合中の王さんは選手以上に前に気持ちを出して戦っている人なんです。ですから、気持ちをしっかり持ってやったことに対しては、失敗しても、怒られることはなかった。逆に、何か引いた感じでの、手探りみたいな気持ちでの失敗は怒鳴られたこともありました」

しかし、斉藤は一年目に肩を痛め、一九九八年には右肩を手術。その後も故障に悩まされて、二〇一二年まで七年間で九勝と結果を出せずにいた。

それでも、王監督は斉藤の力を信じ続けた。

二〇〇三年、復調した斉藤を開幕投手に抜擢する。

その期待に斉藤は応えて、開幕戦で勝利をあげる。

そして、その後、先発登板一六連勝、登板試合一五連勝という当時の日本新記録を樹立する。この年、二〇勝三敗、防御率二・八三、勝率八・七〇。最多勝、最優秀防御率、最高勝率、ベストナイン、沢村賞などの投手タイトルを独占する活躍。福岡ダイエーホークスのリーグ優勝、日本一に大きな貢献をした。

日本ハムと優勝を争っていた二〇〇六年七月。王監督が胃癌の治療のために休養することになった。七月五日に休養記者会見、翌日から休養に入った。

記者会見の前、この年から選手会長を務めていた斉藤は、チームリーダーの松中信彦とともに監督室に呼ばれていた。そして、説明を受けて、こう言われたという。

「秋には必ず元気に戻ってくるので、クライマックスシリーズで勝とう」

王監督の戦線離脱。選手会長の斉藤にリーダーとしての重圧が、のしかかっていった。

精神的な支えだった王監督の不在は、チームに微妙な影を落としていた。

だが、斉藤は監督不在のシーズン後半、八勝を挙げてチームを引っ張った。夏以降、選手のまとめ役として奔走する毎日。帽子の裏には、自分の背番号とともに「野球」「破竹の勢い」をかけた王監督の「89」が書き込まれていた。チームメイトだった小久保裕紀はこう言う。

「投手には珍しく、チーム全体のことを考えられる選手だったんです。若い選手、後輩の投手に声をかけたり、バッターでも、例えば松中が苦しんでいるときに、後輩なのに自分から声をかけて、食事に誘ったりしていた」

シーズン終盤、主砲の外国人選手、カブレラとズレータが打撃不振に陥り、チーム内で孤立しかけていた。斉藤は振り返る。

「あれだけ偉大な監督がいなくなってしまったとき、外国人選手たちが調子を崩したり、負けがこんでしまって、チームの輪が少し乱れ始めてしまったところがあったんです。僕は二人に、選手会長として、何でも協力させてもらうというような話をしました」

## Leader's eye 古田の視点

このマウンドでの斉藤の涙は、プロ野球ファンに鮮烈な印象を残した。

試合に賭けた、ものすごく強い思いが伝わってきた。勝負を決める一打を打たれて、マウンドで崩れ落ちて涙を流し、立ち上がれなくなったピッチャーは見たことがなかった。

プロ野球には過去、いろいろな試合があった。どの球場のグラウンドにも、たくさんの悔しい思い、つらい思いが埋まっているが、斉藤にとっては、受け容れられない現実だったのだろう。現実は受け容れなければならないのだが、そう頭ではわかっていても、気持ちがついていかなかった。それだけの強い気持ちを持って、あの試合、野球に挑んでいたことは、ある意味、羨ましくもあるし、自分自身、そういう気持ちを持つべきだったと反省したりもする。

あの運命の一球の後、斉藤がマウンドに崩れ落ち、涙を流しながらうずくまっていたのは、ピッチャーとしてだけでなく、チームリーダーとしての責任を重く背負っていたからだ。立ち上がれない斉藤を抱え起こしたのは、相談に乗っていたカブレラとズレータの二人だった。斉藤はこう語っている。

「マウンドで立ち上がれなかった僕をベンチまで抱きかかえてくれたのは、あの二人でした。あのときの映像を後で見たとき、勝手に思ったことですが、気持ちをわかってくれたな、気持ちが伝わっていたなという」

レギュラーシーズンで三位に食い込んだソフトバンクは、西武とのクライマックスシリーズ第一ステージへの出場権を得る。手術を終えて退院した王監督はこう檄を飛ばしたという。

「一緒に行けないけれど、福岡で待っているから、気持ちで戦ってこい。我々には失うものは何もないのだから」

福岡で待っている――プレーオフ、日本シリーズをともに戦おうという意味だ。

このシーズンから、パ・リーグのプレーオフは基本方式に変更があった。前年までは第一ステージの使用球場は二位チームの本拠地、第二ステージ使用球場は一位チームの本拠地だったのだが、この年から第二ステージは、第一戦と第二戦は一位チームの本拠地、第三戦と第四戦は第一ステージ勝者の本拠地になったのだ。

つまり、第二ステージに一勝すれば、王監督の待つ福岡に戻れる。斉藤が先発した一〇月一二日の試合は、チーム全員のそういう思いが込められたゲームだった。また、斉藤が負けられない理由、マウンドにうずくまり、立ち上がれなかったのは、そのためでもあったのだ。

## 六年間のリハビリ生活

この日本シリーズの翌二〇〇七年、斉藤は六勝三敗の成績を残したが、再び右肩を故障した。二〇〇八年に再手術、二〇一〇年に再々手術をして、現役復帰への懸命のリハビリは六年間に及んだが、二〇一三年、ついに引退を決意した。

球団会長になっていた王貞治に引退を報告したとき、斉藤はこんな言葉を贈られたという。

「波乱万丈だったな。でも、今後、何かに間違いなくつながる」

それは、斉藤に「王イズム」を継承した野球指導者へなってもらいたいという期待が込められた、はなむけの言葉だったのだろう。


二〇一三年九月二八日、福岡ヤフオクドーム。背番号六六、斉藤和巳は埼玉西武ライオンズ戦の前、「セレモニアルピッチ」として、マウンドに登った。

かつての女房役、城島健司がキャッチャーを務め、王貞治が笑顔で見守る。

最後の一球——ボールにはかつての勢いはなかった。

だが、それは斉藤の新たな野球人生の第一歩となった。

Best Game File 03

二〇〇一年九月二十六日

# 代打逆転サヨナラ満塁優勝決定ホームラン

オリックス・ブルーウェーブ×大阪近鉄バファローズ

プロ野球史上唯一の代打逆転サヨナラ満塁優勝決定ホームラン。この快挙を成し遂げたのは、二〇〇一年近鉄に移籍後、代打の切り札に成長した北川博敏だ。リーグ優勝まであと一勝で迎えたオリックス戦九回裏の大逆転ホームラン。一二年ぶりの近鉄優勝を決めた劇的な一発が生まれた舞台裏を探っていく

三点差の九回裏。無死満塁から北川博敏は代打逆転サヨナラ満塁優勝決定ホームランを放った

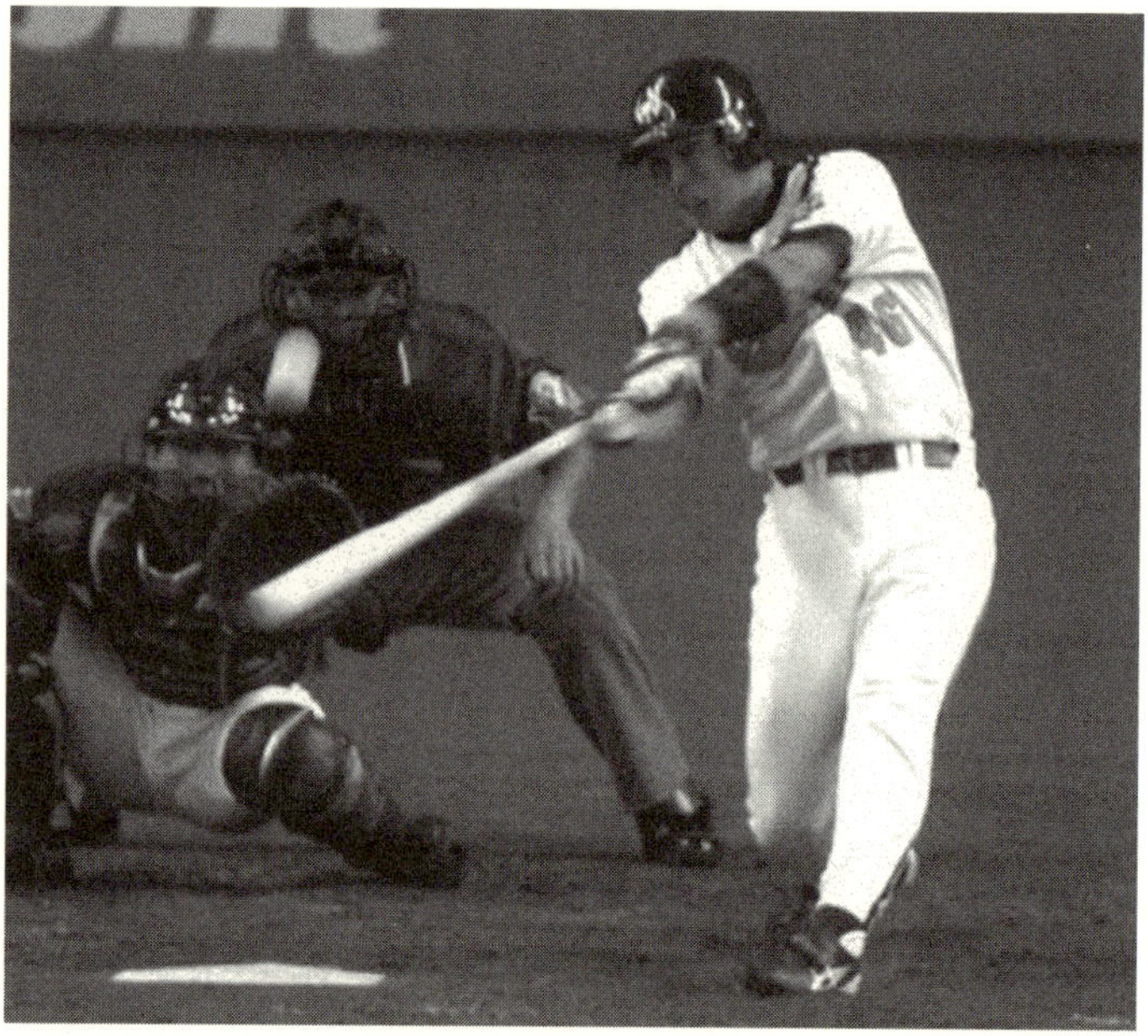

二〇〇一年、近鉄バファローズはチーム本塁打二〇〇本、打率二割八分、打点七〇〇を超える「いてまえ打戦」で快進撃を続けていた。

そして、リーグ優勝がかかった二〇〇一年九月二六日、本拠地・大阪ドームでオリックス・ブルーウェーブ戦を迎える。

## 試合終盤までオリックスが優勢

午後六時、プレイボール。

先発は近鉄がオリックスキラーのショーン・バーグマン、オリックスがルーキーの北川智規。

一回表、オリックスは三者凡退したが、近鉄打線は一回裏、北川をつかまえる。

一番、大村直之はセンターフライに倒れたが、二番、水口栄二がフォアボールを選び、三番、タフィー・ローズがセンターへヒットを打ち返した。

一死一塁三塁のチャンスで四番、中村紀洋。三塁への深いゴロで先制の一点をあげる。

だが、その後が続かなかった。右のサイドスロー、北川に近鉄打線は翻弄され、毎回ヒットは出るものの打線がつながらず、六回まで無得点が続いていった。

その間、四回表にオリックスが反撃する。二番、大島公一がライト前ヒット、三番、谷佳知がショートへの内野安打でバーグマンを攻め立てる。四番、ジョー・ビティエロは三塁ゴロに倒れたが、大島、谷はそれぞれ進塁して、一死二塁三塁の好機をつくった。

五番、葛城育郎。プロ入り二年目でレギュラーに定着、調子をあげていたが、葛城の打球はファースト正面へのゴロだった。だが、一塁手の吉岡雄二はまさかのトンネルを犯す。ボールは転々とライトへ転がり、ランナー二人がホームイン。二点をあげて、オリックスは逆転した。

次の打者は六番、藤井康雄。彼が打ち返した打球はまたもや内野ゴロでファーストへ向かった。吉岡はしっかり捕球をして、ゲッツーコースを狙って、二塁手のショーン・ギルバートへ送球したのだが……ボールは一塁ランナーの葛城の後頭部を直撃した。ボールはセンター方向に転っていく。

一死一塁三塁。吉岡、痛恨の連続失策だが、このことが奇跡のホームランを演出することになる。

続く七番、相川良太はセンター前ヒットで三塁ランナーを返して、二点の勝ち越しにした。バーグマンはその後、八番、五十嵐章人にフォアボールを与えたが、九番、三輪隆を三塁ゴロで封殺にして、何とか後続を断った。

五回表。一番、塩崎真をセンターフライ、二番、大島をショートゴロで仕留めたが、三番、谷にライト前ヒットを打たれ、四番、ビティエロにデッドボールで二死一塁二塁とされた。

ここで左バッターの五番、葛城を迎えたところで、近鉄はバーグマンを諦めて、左ピッチャーの関口伊織にスイッチ。だが、葛城にライト越えの二塁打を打たれて一点追加され、一対四とされる。

七回裏。先頭バッターの七番、川口憲史がセンターバックスクリーンにソロホームランを放ち、近鉄は二対四と二点差に詰め寄った。

だが、その後が続かず、九回表二死から七番、相川にセンターバックスクリーン左へのソロホームランを打たれて、二対五。再び三点差となった。

## いてまえ打線、土壇場の本領発揮

八回裏から、近鉄にさらなる壁が立ちふさがっていた。この回から、この年、新人王に輝くことになる大久保勝信が登板したのだ。攻めの投球が信条だった大久保は言う。

「目の前での胴上げは、何とか阻止しようっていうチームの雰囲気はあったと思います」

八回裏は二番、水口からの好打順。だが、大久保は水口を難なくショートゴロに打ち取り、三番、ローズにも真っ向勝負を挑んだ。このシーズン、王貞治の年間ホームラン記録五五本に並んだ強打者である。大久保の武器は一五〇km／h近いストレートに落差のあるフォークだった。その武器を駆使して、ローズをファーストゴロで二アウト。四番、中村にセンター前ヒットを打たれたものの五番、礒部公一をサードゴロに打ち取り、クリーンナップを封じ込める。

残り試合が五ゲームあったが、近鉄は本拠地・大阪ドームで優勝を決めたいところだ。

しかし、九回表が終わって、三点のビハインド。逆転サヨナラはむずかしい状況だった。

オリックスが一点を追加して迎えた九回裏。突如、大久保がつかまった。

九回裏の先頭バッターは六番、吉岡雄二だった。

一球目は、真ん中低めにボール。二球目、真ん中への変化球をレフト前にヒットを打ち返した。四回表に連続失策を犯し、オリックス打線の火に油を注いで、逆転を許した原因をつくったが、汚名を返上するかのように、無死での一塁走者となった。

次のバッターは七番、川口憲史。前の打席でホームランを打っている。

一球目、外角低めぎりぎりのストライクを見逃す。

二球目、真ん中低めの変化球を一塁線に打ち返して、ライトフェンスへと向かう二塁打を放つ。一塁ランナーの吉岡も三塁まで進み、無死二塁三塁の大チャンスをつくった。

大久保は、いきなり連打を浴びた。さらに、八番、ショーン・ギルバートの代打の益田大介。一球目から決め球のフォークボール。ところが、これがボールになる。大久保は言う。

「バッターは真っ直ぐを待っているだろうというときでしたから、フォークボールで攻めました」

ある意味、大胆なリードだった。三点差があるから、三人目の同点ランナーを出したくない。そう考えると、普通はストライクの入りやすい球種を優先させて配球することになる。落ちる変化球であるフォークは空振りで三振を取れるかわりに、ボールになる確率も高い。

オリックスバッテリーは、二球目がボールになっても、フォークで攻め続けた。

三球目は狙い通りフォークで空振りを取る。

捕手の三輪はさらに、フォークを要求し続ける。

ところが、四球目。そのフォークを見逃されて、ボールになった。

五球目。フォークがワンバウンドしてしまい、フォアボールを与えてしまった。三輪は言う。

「空振りを取りにいったんですが、見送られてフォアボールになったということです」

三点差という点差があるのに、同点や一点差に追い込まれたような感覚になっていたのかもしれない。もう一点も与えたくない、と。大久保は振り返る。

「そうなのかもしれません。それに、球場全体がそういう雰囲気になっていたのかもしれない」

大阪ドームは観客席が近く、球場のムードがダイレクトに選手に伝わる。大久保は言う。

「三点差をつけて勝っているという雰囲気はなかった。すごいピンチを感じる試合でした」

## Catcher's eye　古田の視点

近鉄ファンの声援や応援曲が鳴り響いていた大阪ドーム。近鉄の攻撃回のときにはさらにボルテージは高まり、大久保、三輪のバッテリーにとってはプレッシャーになった。

そのとき、キャッチャーの三輪には大久保との信頼関係から、見逃し、空振りでストライクを取れるし、ファウルも狙えるフォークボールが魅力的に思えたのだろう。

ただ、フォークボールは反面、ボールになりやすい。だから、フォアボールを与えたくない場面や、カウントが悪くなってからは使いたくないボールでもある。

本来は、ストライクが取りやすいボールでファーストストライク、ツーストライクを狙って、はやめに追い込んでいってから使いたい球種なのだ。

近鉄のいてまえ打線の中核、タフィ・ローズや中村紀洋などホームランバッターとの試合終盤での対決なら、同点、逆転ホームランを打たれる可能性が高い。そういうバッター、局面では初球からフォークボールを決め球として使っていくこともあるのだが……。

冷静に考えると、九回裏の無死一塁二塁の場面で、益田へのリードは、ありえないものだった。外野フライや内野ゴロで御の字、仮にヒットを打たれたとしてもそれほど痛くない場面だったのだ。ファオボールでランナーを出してしまうと満塁になり、ピッチャーが気持ち的に追い込まれていってしまう。守る側にすれば最悪のフォアボールを与えてしまい、攻撃側からすれば、一番いいかたちでフォアボールをもらうことになった。

三点をリードしながら、なぜ逆転サヨナラのピンチを招いてしまったのか？

大久保も「フォアボールは正直、痛かったですね」と振り返っている。

益田はフォアボールで出塁、同点のランナーになる。

終盤の三点差、塁上にランナーが埋まることは、バッテリーにとって一番、避けたいことだった。

フォアボールを出してしまったのは、フォークボール主体で攻めたことが大きかった。

それが、裏目に出たのだ。

北川の前のバッター、益田に対して、キャッチャーの三輪隆は三振を取りにいった。

三点リードしているのにもかかわらず、一点も許さないつもりだったのだ。三輪は言う。

「益田も真っ直ぐに強いバッターだったんで、カチンと打たれるよりも、フォークで三振に仕留めようと考えた。いま思えばレフトに犠牲フライでよかったんです。そういう余裕がなかったといえば、なかったのかもしれませんね」

このことが、奇しくもその後の劇的なシーンにつながっていく。

## 勝負を決めた代打屋の集中力

無死満塁。満を持して代打屋、北川博敏が登場した。優勝への重圧がのしかかっていたが、それでも北川は驚異的な集中力を見せる。

一打席にかける代打。北川は、常にある言葉を胸にバッターボックスに入っていた。

「代打は初球から振っていけ」

「とにかくストライクを振っていけ」

「代打の神様」と呼ばれた阪神の八木裕の言葉だ。

北川は阪神時代、八木から代打の作法を徹底的に教え込まれた。北川は言う。

「緊張は当たり前だから、振らなければ身体はどんどん体は固くなっていく一方になる。だから、とりあえずバットを振れという。一回振れば身体もほぐれるし、次に向かって行けるからと教わったことがあったんです。それ以来、代打での打席でこのことを一番、意識してきました」

北川の最大の武器は、一打席にかける集中力だった。

研ぎ澄まされた集中力はバッターにとって、大きな武器になる。

四回表にオリックスに逆転を許した後、北川はベンチ裏の小部屋に向かった。

反撃のチャンスは必ずくる。そう思い、自分の出番に備えて、バットを振り続けていた。

この試合の七回裏、北川が起用されそうになった場面があった。

北川はじっと手を見つめて集中力を高め、出番を待っていた。やがて、北川に声がかかる。

三点を追うこの回、梨田監督は九番バッターに代えて、代打に北川を起用するつもりだった。

ところが、その直後、先頭バッターの七番、川口憲史からホームランが放たれた。

点差が二点に縮まったため、梨田は北川の代打をとりやめることにしたと言う。

「もう一山、あるのではないかという気がしていたんでしょうね。そこで、まだ七回、北川を使うのははやいと判断した」

この采配で北川はベンチに戻ったのだが、集中力が切れてしまったと言う。

「一回、自分のなかでスイッチを切ってしまった」

だが、直感通り、九回裏ノーアウト満塁という素晴らしいもう一山があったため、梨田は再び動く。梨田はこう振り返る。

「とっておきの代打というか、北川がまだそこにいたわけですからね」

このとき、北川の一度切れた集中力はまだ戻っていなかった。

だが、大阪ドームの近鉄ファンの期待を一身に集めていた。

ヘルメットのひさしには「サヨナラ男」というシールも貼ってある。

## 代打屋に再びスイッチが入った

一球目。北川は必ず振ると決めていたはずだった。だが、外角へのストライクを北川は見逃す。

初球から振っていかなかった理由を、北川はこう答える。

「打ちに行こうと思ったんですけど……何か、追い込まれているような感覚がありました」

このシーズン、それまで北川は四打数三安打、打点一と大久保を攻略していた。だが、オリックスのバッテリーのように、北川もいつもの攻めの野球ができないでいた。

二球目。北川は得意の真ん中低めのストレートを打ち損ねてファウル。

集中力が戻らないまま、二ストライクと追い込まれた。

優位に立った大久保は、三球目で勝負をかけた。

真ん中から外角に逸れていくボール気味のスライダー。大久保は自信を持って投げたと語る。

「あのボールはすごい余裕をもって投げることができました」

際どいコースのスライダーだったが、北川は見送った。

判定はボール。一ボール二ストライク。まだまだピッチャー有利のカウントだが、この三球目で北川は目覚めさせられたと言う。

「打ちにいくなかで、『あっ、スライダーや』と見極めることができて、ボールだと思ったんです。それで打つのをやめたら、審判が『ボール』とコールした。それで、『俺、見えている』と思ったんです。勘違いかもしれませんが、『俺、打てる』とそのときに思えたんです」

バッティングには、ときにそういう瞬間がある。北川は続ける。

「何でそう思ったのか本当にわからないんですが、あの一球を見たときに足の裏に力が入ってきた。そして、どっしり構えようという気持ちになれた」

このとき、この代打屋にスイッチが入ったのだ。

四球目。運命の一球はスライダーだった。大久保はこう考えていたと言う。

「あのときは一球もフォークボールを投げていなかったので、バッターの頭のなかには絶対、フォークボールが頭にあるだろうと思った。それに、その前にスライダーでボールでしたから、二球続けてスライダーはないと考えると思ったんです。ぎりぎりいっぱい狙いにいきました」

一方、北川はストレートを待っていたのだが、それは一〇割ではなかったと言う。

「ストレートが七割くらいで、残り三割で変化球を待っていました」

北川は狙いを外された。

しかし、彼には並外れたテクニックがあった。

読みとは違うスライダー、北川は裏をかかれて、体勢を崩されかける。

しかし、北川には球筋がはっきりと見えていた。彼は言う。

「ボールの軌道というか、回転を見て、スライダーだと思った」

巧みに腕を伸ばし、バットの芯でとらえる。とっさに反応した。北川は振り返る。

「自分の感覚では、ちょっと泳ぎ気味になってとらえたんですけど、その泳いだところへうまいことバットにボールが乗ってくれた。そして、そのまま運んだという感じです」

プレイボールから三時間三九分、試合はあっけなく決着した。

北川が放った、近鉄のリーグ優勝を決める代打逆転サヨナラ満塁ホームラン。メジャーリーグでも記録されたことがない、劇的な一発だ。打った北川も現実をすぐに受けとめられなかったと言う。

「まさかあんな場面で自分がホームランを打てるなんて思っていなかった。ですから、本当に他人がやったような感じで、何かわけわからず、ベースを一周したという」

打たれた大久保も何が起きたか、すぐに把握できなかったと語る。

「打たれた瞬間、ホームランではないと思ったんです。でも、近鉄の選手がベンチから出てきて、オリックスの選手はベンチに帰っていく。マウンドで一瞬、何が起こったのか呆然となった」

それは、史上最高のプレイだった。

代打逆転サヨナラ満塁ホームランは、一〇年に一回くらい起きるかもしれないが、優勝を決める一発となると、今後、二度と起こらないかもしれない。それほど、奇跡的なことだからだ——このホームランは、北川の一打席にすべてをかける集中力と高度なテクニックが生み出したものだった。

## Batter's eye 古田の視点

集中力を高めるためには……個人的な経験を言えば、打席に入る前、ネクスト・バッターズ・サークルでスイングをある程度こなしたら、身体の正面に手に持ったバットを据えていた。他人から見たら、バットを見つめていると思うだろうが、目を瞑って、息を止めていた。

それは、息を止めていると、苦しくなって、いろいろなことが考えられなくなるからだ。

すると、集中して、ひとつのことを考えられるようになってくる。

目を瞑って、息を止めて、二〇〜三〇秒ほどじっとしていると、集中力が高まってくる。そして、目を開けてバットが見えたとき、いけそうな気がしてくるのだ……。

北川は打席に入る前、集中力を高めるためにどんなことをしていたのだろうか？

「手を広げて見つめていました。すると、手のひらに暖かさを感じるというか……。そして、色を思い浮かべるんです。冷静にいきたいときは緑色を思ったり、燃えたいときは赤色をイメージしたりして、やがて手にじわーんと熱さがきたときに、よし行こうという覚悟を決める」

北川は読みを外されたにも関わらず、なぜホームランを打てたのか？

プロのピッチャーは一五〇km／hの速球を投げてくる。バッターとしては、ここで一発を打ちたいと思う場面では、普通は速球に振り遅れないために、ヒッティングポイント（インパクトするポイント）をできるだけ前に置こうとする。最初から後ろに置こうとすると振り遅れてしまうので、できるだけ前に置いて、力が入るところでボールを打とうとするのだ。

しかし、追い込まれた場合は——大久保のストレートはほぼ一五〇km／h。フォークボールやスライダーなどの変化球は一三五㎞／hと、マイナス一五㎞／hの球速差がある。

といっても、時間にすると〇・〇何秒の違いなのだが、変化球をヒッティングポイントをあまり前で打とうとすると、その〇・〇何秒の間にヘッドが返ってしまう。

そして、ヘッドが返った後にボールがくるので、空振りやバットの先にあたってゴロになる。結果、三振やダブルプレイになってしまう。

北川はストレートを少し遅れめに、変化球を少し前で打つためにヒッティングポイントを少し下げたのだ。本当は手首の返るポイントで打ちたいところだったが、前に出ることでボールを自分の手元のほうに少し寄せて、ストレートをやや遅れ気味で打った。

センター、ライト方向に飛ばすタイミングで待っていたのだ。

ところが、変化球がきた。

ストレートだったら少し遅れ目で打つつもりが、変化球がきたので、どうしてもバットは前に出ることになる。しかし、三割は変化球がくるかもしれないということが頭にあったので、結果として、インパクトゾーンが少し長くなる。

本当は手首を返したいポイントで返さず、インパクトゾーンを三〇㎝ほどだが、少し長めに延ばしてから、バットのヘッドを返すことになった。

このインパクトゾーンを三〇㎝保てることこそプロフェッショナルの技術なのだが、インパクトゾーンを少し延ばして、変化球だと思った瞬間にやや腕を伸ばしたから、ヘッドが一番返る、一番スピードが上がるところでバットに当てられたのだ。

北川も最初から狙ってやったわけではないだろう。だが、とっさに身体が体が反応して、体勢を少し崩されながらも、ボールをバットの芯でとらえられた。

それが結果的に、ホームランになるという最高の結果を生んだのだ。

## Leader's eye 古田の視点

劇的なホームランを生んだ北川博敏を育てたのは、近鉄の梨田昌孝監督だ。

北川は一九九四年のドラフト会議で二位指名を受けて、阪神タイガースに入団した。日本大学で強打の捕手として活躍、即戦力と期待されていたが、阪神時代の六年間で一軍の試合に出場したのはわずか一〇〇試合だった。多くを二軍で過ごし、一九九九年には就任した野村克也監督の構想から外れてしまった。さらに、野村監督の息子、カツノリが入団したこともあり、二〇〇〇年のオフ、湯舟敏郎、山崎一玄とともに、酒井弘樹、面出哲志、平下晃司との三対三のトレードで近鉄へ移籍した。北川は追い込まれていたと言う。

「ここで結果を残さないと、自分はクビを切られると思った」

覚悟が違った。翌二〇〇一年一月の自主キャンプで「こんなにバットを振ったことはない」と語っているほど、移籍してから練習に打ち込んだ。そんな北川の集中力に注目したのが梨田だった。監督就任二年目、一年目は最下位という屈辱を味わっていた。梨田は言う。

「ふにゃふにゃっとした顔が代打でいくときには、頬のあたりが膨れて目が細くなっている。すごく、集中している。一打席に賭ける、一球に賭けるという思いが伝わってきました」

当時、近鉄は二年連続で最下位に喘いでいた。梨田は打線強化のため、開幕から北川を代打として積極的に起用した。しかし、北川は結果を出すことに焦るあまり、徐々に成績を下げていった。だが、それでも梨田は二軍に落とすことはなかった。北川は語る。

「あの頃、明日からやばいかなといつも思っていた。そんなときに監督から電話がかかってきて、ついに二軍行きかなと思っていたら、こう言われたんです。『俺はお前を信じている』『今は調子が悪いけれど、はやく調子を戻して、チームのために頑張ってくれ。二軍には落とさんから』と。気持ちがすごく楽になって、集中してプレイできるようになりました」

梨田の一言で北川は迷いを振り切ることができた。そして、毎日バットを振った。その数は一日一〇〇〇回を超えることもあり、バットを握る手は血豆だらけになった。北川は言う。

「阪神時代にも血豆ができましたが、近鉄に移籍してからは思った以上でした。風呂で頭を手で洗えないので、トレーナーさんから手術用の手袋を借りたりしていました」

努力の結果、四月二八日にプロ初本塁打を放つ。そして、五月二七日にはプロ初のサヨナラヒットを記録、その日は二九歳の誕生日だった。

飛躍のきっかけをつかみ、六月の月間打率は三割を超える。梨田の信頼に見事に応えたわけだが、そのことはチームのムードも大きく変えた。梨田は述懐する。

「当時、近鉄は負け癖がついてしまっていて、弱いチームだった。ところが、ニコニコ笑いながら野球を楽しんでいた北川が打つと、チーム全体が盛り上がっていったんです」

優勝を決めた試合。梨田は打席に立つ北川を、ベンチからじっと見つめていた。梨田は続ける。

「当時、気がつくと、打ってくれって思いで彼に向けて、よく手をかざしていた。パワーを北川に送るというか、とりあえず甘い球がきてほしいとか、そういう思いをこめていた。あのときも腕を組みながら見ていて、ふと気がつくと、手をかざしていたんです」

北川は最高の結果を生み出した。梨田は続ける。

「本当にすごいことをやってくれた。素晴らしい人間に巡り会えました。ですから、いまでも僕のケータイには北川を『神様』と登録してあります。本当に『神様』になってくれた」

実際、監督にとって、まさに野球の「神様」が舞い降りてきた瞬間だった。北川は言う。

「近鉄で拾ってくれたことも、『もったいないから、うちへこいって感じで取ったんや』と言ってくださっていた。そういう意味では、監督が僕を信用してくれた、信頼してくれたということが、とても大きかったと思います」

前年最下位から、優勝を成し遂げたことはこのときの近鉄が史上初だった――梨田監督にとって、北川との巡り会いが伝説の始まりになった。もちろん、梨田は北川と巡り会っただけで終わらせず、打てなくても使い続けた。自分の見る目に自信を持っていないとできることではない。

それに、わざわざ二軍に落とさないと自ら電話している。プロ野球の世界でも、選手たちが持てる力を最大限に発揮するためには、いい上司に恵まれることも肝要なのだ。

経験から言うと、指導者はある程度、周りに実力を認められた一軍の選手になると、その選手の足りないところを探してしまうものだ。バッティングがいいことはわかっているが、守備がそれほどでもないから、守備練習をさせたら、一軍で大活躍できるだろうと考える。

梨田は阪神の二軍でくすぶっていた頃から北川を注目していて、トレードで呼び寄せた。そして、バッティングは一軍でもいけそうだと、長所を伸ばそうとした――名選手には、名監督との出会いがある。監督との出会いでブレイクスルーした選手は枚挙に暇がない。

## 野球人生を変えた一発

逆転サヨナラ満塁優勝決定ホームランから二年後。北川は二〇〇四年五月二五日、不振の中村紀洋に代わって、近鉄の四番打者の座をつかんだ。そして、いきなり四安打三打点の大活躍をするなど、この年、打率三割九厘、一三本塁打、五〇打点の成績を残した。

二〇〇四年に内野手に転向。その年のシーズンオフ、近鉄球団はオリックスと合併して消滅した。因縁の大久保勝信とは、球団合併で同じチームに所属することになった。

その後、オリックスで中軸打者として活躍したが、二〇一二年に現役を引退。二〇一三年からはオリックスの二軍打撃コーチとして、かつての梨田のように若手発掘に励んだ。

そして、二〇一四年一一月、事業本部企画事業部プロジェクトマネジャーとしてフロント入り。解説や少年野球の指導などファン開拓のためのPR業務を担当する。北川は言う。

「あれだけの男やったなと思われたくない一心で、野球をやってきました。ただ、あの一発で、やっぱり、自分の野球人生は変わったな、とは思いますね」

伝説として語られる奇跡の「代打逆転サヨナラ満塁優勝決定本塁打」。プロ野球の醍醐味、素晴らしさを体現した北川は、常に笑顔を絶やさないことから「スマイリー」、顔が似ていることから「アンパンマン」の愛称で呼ばれ、ファンから親しまれていた――北川は球団とファンの期待に応えて、今後も素晴らしい結果を残していくことだろう。

Best Game File 04

# 型破りで日本一を目指せ

一九九八年日本シリーズ

西武ライオンズ×横浜ベイスターズ

一九九八年、横浜を日本一に導いた権藤博監督。横浜は打ち出したら止まらないマシンガン打線、最後に試合を締める大魔神・佐々木で破格の強さを誇った。その背景にあったのは、管理野球全盛期の当時、サインもミーティングもなしという型破りな組織づくりだった。選手たちの自主性に任せ、力を生かしきれた秘訣とは？

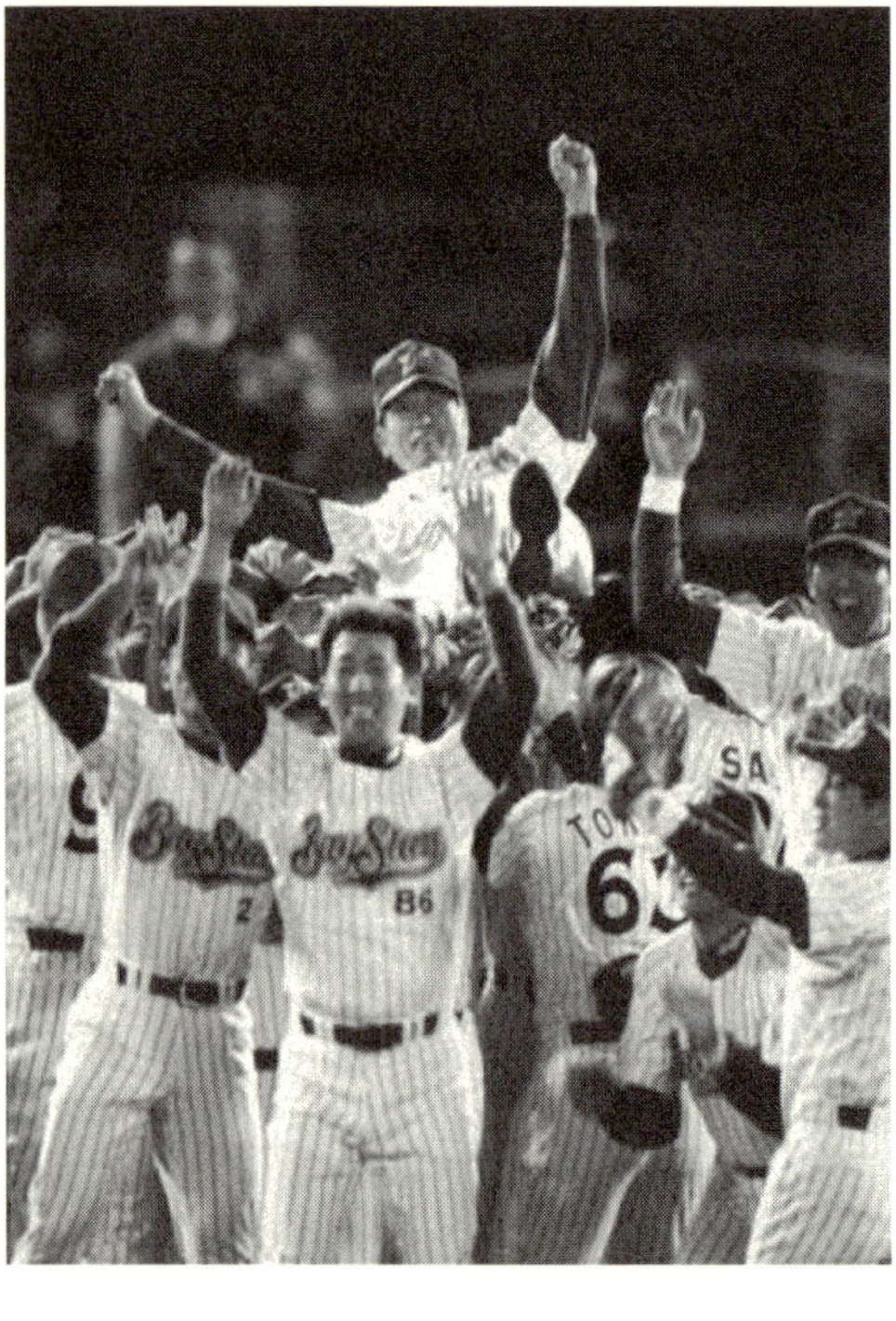

一九九八年一〇月二六日、第六戦で日本一を決め、権藤博監督は胴上げされた

一九九八年一〇月。型破りの組織づくりで日本一をつかんだ男がいた。

横浜ベイスターズ監督、権藤博――一九九七年にバッテリー・チーフコーチとして横浜の二位躍進に貢献。一九九八年、監督就任一年目にして、チームをリーグ優勝、日本一に導いた。

横浜の日本一は大洋ホエールズ時代の一九六〇年以来、三八年ぶりのことだった。

二〇代が主力の若いチームは不利と言われていた前評判を跳ね返し、かつてない型破りな方法で若手の力を伸ばして、約四〇年ぶりの栄冠にたどり着いた。

権藤は全盛だった管理野球とは対極の独自の野球哲学を持っていた。

サインなしが信条。選手の自主性に任せて自由に打たせた。

投手起用では先発だけでなく、中継ぎにもローテーション制を確立した。

狙いは投手の肩を守ることだ。権藤は「肩痛のすごい苦しみ。あの痛みだけは、選手の痛みだけはわかってやろうと思ったんですよ」と語っている。

それには、現役時代、連投につぐ連投で肩を壊した自らの経験が背景にあった。

## 第一戦から一四安打、九得点と打線が炸裂

一九九八年一〇月一八日、横浜スタジアム。前日開催の予定だったが、雨で一日順延されて、こ

の年の日本シリーズは始まった。

先発は横浜が野村弘樹、西武が西口文也。両チーム、エース同士の対決だ。

第一戦を控えた横浜スタジアム。練習を終えたトップバッターの石井琢朗は西武の動きを食い入るように見つめていた。

注目していたのは予告先発の西口のクセだ——西口は投げた後、身体が一塁方向に流れる。このクセを攻撃に生かそうと石井は考えたのだ。これがいきなり初回で生きた。

一回裏。石井は初球をバントの構えを見せながら、内角低めのチェンジアップを見逃す。判定はストライクだった。権藤はノーサインのままだ。

そして、二球目。真ん中寄りに入った二球目を西口がセーフティバント。取りにくい三塁側に転がしたのだ。三塁手の鈴木健が捕球、ファーストに送球するが間に合わず、狙い通りセーフとなる。

無死一塁。二番、波留敏夫は外角に外れる初球をバントの構えをしながら見逃して、一ボール。この局面でもベンチからサインは出ず、石井と波留に任せている。

二球目、外角のストライクをバントの構えで再び見逃す。この間、西口は何度もファーストに牽制球を投げる。

三球目、外角へ逃げるチェンジアップを波留は空振り。しかし、その間、石井は二塁へ進む。

結局、波留は四球目でピッチャーゴロに倒れたが、一死二塁のスコアリングポジションとなり、三番、鈴木尚典が左打席に立つ。

初球は外角への変化球がボール、二球目は真ん中へのストライクで、一ボール一ストライク。三球目、真ん中に甘く入った変化球を鈴木はライトに引っ張った。

俊足の石井は難なく本塁を陥れて、一点をあげる。権藤やベンチが何もしないまま、選手たち自らが考えるプレイで横浜は先制点をものにした。権藤は振り返る。

「選手自身が突拍子もないことを考えて、成功させる。そして、すぐにスチール。サインも何もあったものではないですよ。それに、サインで他人と同じようなことをやらせていたら、面白くないですからね。変わり者と言われれば変わり者かもしれないけど、他人のやらないことをやる。ただ、相手チームにとって、それは脅威になっていると思っていました。野村克也さんには『無能監督、何もしないヤツだ』と言われていましたけどね」

第一戦、その後もマシンガン打線は炸裂する。

若い選手たちはホームランよりもヒットを狙い、打線をつなぎ続けた。

三回裏に三点、四回裏に三点、六回裏に一点、八回裏に一点と追加点を挙げて、一四安打、九点をもぎ取った。一方、西武も六回表の高木大成の二ランホームランなど九安打四得点をあげたが、マシンガン打線の勢いには敵わなかった。

## Batter's eye ① 古田の視点

塁上に常にランナーがいる。いつも相手ピッチャーはセットポジションで投げている——当時のマシンガン打線にはそういうイメージがある。権藤は言う。

「長打力でホームランを打つチームではないから、誰かがランナーに出なければ、続かない」

脅威のマシンガン打線は、選手の自主性に任せた権藤の哲学から生まれたものだった。

権藤は一九九八年、横浜ベイスターズのバッテリーコーチから監督に昇格するや、自主性を重んじる型破りなさまざまな方針を次々と打ち出した。

まず、春季キャンプでは全体ミーティングをなくした。さらに、夜間練習もなくす。

それは、選手をなるべく管理しようとする野球界の当時の常識とかけ離れたものだった。

監督就任後、最初のミーティングは次の挨拶だけで終えたという。

「みなさん、プロですから、プロらしくやってください。以上」

横浜打線の平均年齢は二九歳。ローズは三一歳、駒田は三六歳だったから、実質的にはもう少し下回る。権藤監督の方針は若い選手たちに刺激を与えた。鈴木尚典は言う。

「大人扱いしてくれた。しっかり自分たちでやれと、一人前に扱ってくれたのがすごく印象的でした。ですから、しっかり自覚を持ってやろうと受けとめました」

権藤の思いは選手たちに、正しく受けとめられていった。

やがて、試合が終わっても、球場に居残る選手たちが現れた。

やらなくていいはずの夜間練習を、選手たちが自発的に始めたのだ。谷繁元信は語る。

「自由奔放と言われていたんですけれど、決して自由奔放ではなかった。そういうふうにして、自分たちで練習をさせるようにしていたんだと思っています」

横浜にはホームランバッターはいなかったが、もともとミートのうまい選手が多かった。さらに、自主練習でそれに磨きをかけた。結果、チーム打率は前年の二割七分三厘から二割七分七厘となり、一九九九年には二割九分四厘という驚異的な高打率となった。鈴木は振り返る。

「練習をどれだけ自分でやるかが、すごく大事になる。どれだけ気持ちを入れて、どれだけ集中して練習をやれるか、考えるようになりました」

さらに、選手たちは自分たちで日本シリーズを前に西武の攻略法も探し始めた。その結果のひとつが、第一戦の石井琢朗による西口文也への意表をつくセーフティバントだった。

このシリーズは、横浜の強さが際立っていた。

第六戦までのスコア、勝敗は以下の通りだ。

第一戦　九対四　　横浜勝利　一〇月一八日　横浜スタジアム

第二戦　四対〇　横浜勝利　一〇月一九日　横浜スタジアム
第三戦　二対七　西武勝利　一〇月二二日　西武ドーム
第四戦　二対四　西武勝利　一〇月二三日　西武ドーム
第五戦　一七対五　横浜勝利　一〇月二四日　西武ドーム
第六戦　二対一　横浜勝利　一〇月二六日　横浜スタジアム

日本シリーズは比較的、ロースコアのゲームが多く、一、二点差の勝負になるケースがほとんどだ。ところが、横浜は第一戦で九点、第五戦に至っては一七点も得点、一点差になったのは第六戦だけだ。横浜らしい、大味な試合で勝利している。だが、第一戦、石井のセーフティバントのように、選手たち独自のスパイスの利いた小技を駆使した試合も多かったのだ。

一度打ち出したら止まらない、マシンガン打線——横浜に打線が形成されたのは、四番、ロバート・ローズの影響が大きいと思う。石井琢郎も波留敏夫も逆方向へ打つことが得意だが、それはきっとローズの打撃を手本にしていたからだ。鈴木尚典は両方向へ打ち分けていたが、マシンガン打線の誰もが逆方向に打つのが巧い。引っ張ってホームランを狙うよりも、逆方向に流し気味で、ていねいに打つことを重視していた。また、そういう野球を目指していた選手が多かった。

一九九八年のマシンガン打線の成績はすさまじい。

一番　石井琢朗　二八歳　左　打率三割一分四厘　本塁打七　打点四八　盗塁三九

【盗塁王　最多安打　ベストナイン（遊撃手）　ゴールデングラブ賞（遊撃手）】
二番　波留敏夫　二八歳　右　打率二割七分三厘　本塁打二　打点三九　盗塁一二
三番　鈴木尚典　二六歳　左　打率三割三分七厘　本塁打一六　打点八七　盗塁三
【首位打者　ベストナイン（外野手）】
四番　ロバート・ローズ　三一歳　右　三割二分五厘　本塁打一九　打点九六　盗塁二
【ベストナイン（二塁手）　ゴールデングラブ賞（二塁手）】
五番　駒田徳広　三六歳　左　二割八分一厘　本塁打九　打点八一　盗塁〇
【ベストナイン（一塁手）　ゴールデングラブ賞（一塁手）】
六番　佐伯貴弘　二八歳　左　二割八分九厘　本塁打九　打点五五　盗塁一
　　中根仁　三二歳　右　三割一厘　本塁打四　打点三一　盗塁二
（右投手では佐伯、左投手では中根が起用された）
七番　谷繁元信　二八歳　右　二割五分四厘　本塁打一四　打点五五　盗塁一
【ベストナイン（捕手）　ゴールデングラブ賞（捕手）】
八番　進藤達哉　二八歳　右　二割四分一厘　本塁打一四　打点五四　盗塁〇
【ゴールデングラブ賞（三塁手）】
チーム打率は二割七分七厘、チーム得点は六四二点でともにリーグ一位だ。

トップバッターの石井琢朗は最多安打で盗塁王、中核の三番、鈴木尚典は首位打者。ホームランはロバート・ローズの一九本が最多とホームランバッターはいなかったが、打ち出したら止まらない。だからこそ、マシンガン打線と呼ばれていたのだ。

## Catcher's eye 古田の視点

横浜躍進のもうひとつの鍵は、権藤が生み出した「中継ぎローテーション制」だ。

権藤の投手起用は独特だった。先発投手は一〇〇球前後をめどに交代させることは通常と変わりない。だが、中継ぎ投手の起用法に「先発ローテーション制」を持ち込んだのだ。

一九九八年の横浜の中継ぎ投手には、阿波野秀幸、五十嵐英樹、島田直也の三枚看板に加え、横山道哉、河原隆一がいた。例えば、阿波野が投げたら、翌日は五十嵐が投げる。また、もし阿波野と五十嵐、島田の三人が投げたのなら、翌日は三人とも休みになり、横山や河原が投げる。

こうして、中継ぎ投手の投げ過ぎを防ぎ、肩を守ろうとした。中継ぎ投手たちも登板のない日は十分休養を取れ、準備しやすいので、選手の負担はかなり減る。リズムも生まれてくるため、一年間を戦ううえで、投手だけでなく、ベンチにもメリットがあった。

この起用法は権藤の現役時代の体験から生まれたものだ。

権藤は中日ドラゴンズへの入団一年目から、エースとして活躍した。「権藤、権藤、雨、権藤」という流行語が生まれるほど連日のように登板。一年目の一九六一年に新人の歴代最多記録となる三五勝を記録する。一九敗ながら、六九試合登板、四四試合先発、三二試合完投、一二試合完封。四二九・一回と現在の先発投手の倍以上のイニングを投げた。

二年目の一九六二年も三〇勝一七敗（六一試合登板、三九試合先発、二三試合完投、六試合完封）。多投と投球後に肩を温める誤ったケアのため、肩を痛めて、一九六三年は一〇勝一二敗、一九六四年は六勝一一敗と急失速した。そして、一九六五年にバッターに転向、一九六八年に投手復帰と迷走の末、同年に三〇歳で現役を引退した。

ちなみに、当時の中日投手コーチ、近藤貞雄は酷使で権藤の投手生命を奪った経験から、「先発」「中継ぎ」「抑え」の投手分業制を提唱することになる。権藤は言う。

「肩痛はピッチャーにとって、ものすごい苦しみです。それがよくわかるから、コーチになってから、あの痛み、選手の痛みだけは俺はわかってやろうと思った」

権藤は投手コーチとしても超一流だった。中日時代は鈴木孝政、小松辰雄、牛島和彦、近鉄時代は吉井理人、阿波野秀幸、ダイエー時代は村田勝喜、吉田豊彦、下柳剛などを育てた。

持論は「投球フォームはその投手の主張」。フォームにはほとんど口を出さなかった。

ピッチャーの気持ちをわかるコーチは、選手たちの信頼も篤かった。

ただ、勝負には厳しかった。

「殺られたら、殺り返せ！」――投手陣に叩き込んだ心構えだ。

中継ぎの切り札、阿波野秀幸。一九八九年、権藤が投手コーチを務めていた近鉄で最多勝のタイトルを獲得している。一九九五年に巨人に移籍したが、在籍三年間で勝ち星を一つもあげることができなかった。一九九八年、監督に就任した際、権藤はくすぶっていた阿波野を横浜に呼び寄せる。

そのとき、ボールに「Kill or Be Killed」と書いて渡したという。権藤は語る。

「『殺るか、殺られるか』という。お前は殺られたら、次の機会でも殺られるようなヘボなピッチャーではない。そう、信じている。だから、殺られたら、また行かせるわけです。そうこうしている間に、阿波野が持っている力を出し始めた」

「殺られたら、殺り返せ！」という権藤の言葉に、阿波野は奮い立ったと語る。

「絶対にやってやるんだ、と。そういう気持ちにすごく火が付いたような感じでした」

## 試合終盤の息の詰まる攻防

横浜が日本一に王手をかけて迎えた第六戦。西武の先発、西口文也、横浜の先発、川村丈夫がともに好投して、両チーム無得点で緊迫した戦いが続いていた。

八回表。それまで川村は五安打無失点に抑えていたが、先頭バッター、一番、松井稼頭央がセンター前ヒットを放った。そして、二番、大友進がピッチャーへ送りバント。松井が二塁へ進む。

ここで、三番、高木大成。川村の球数が一〇一球になったこともあって、権藤監督が動いた。

阿波野に継投。阿波野はこのシリーズで三試合目の登板だった。第一戦で一回、第四戦で一回を投げて、伸びのあるストレートと切れのある変化球で一本のヒットも許していない。高木、続く鈴木も左バッターだから、左ピッチャーの阿波野にマウンドを託したのか？　権藤はこう答える。

「あれだけのピッチャーだったら、左も右も関係ないんです。右に対しても、スクリューボールがすごく落ちますからね。『大丈夫、大丈夫。やられたら、やり返せ』と言っておくんですよ」

阿波野は高木をセカンドゴロに打ち取ったが、その間、松井は三塁を陥れた。

二死三塁のピンチ、次のバッターは四番、鈴木健。阿波野の初球は外角に外れるストレートでボール。二球目は外角低めをファウルされる。三球目は外角への変化球が外れてボール、四球目は外角低めのストレートをファウル。カウントは二ボール二ストライクになった。

五球目、鈴木は外角を打ち上げて、レフトフライに倒れた。

阿波野は中継ぎの役割をきっちりと果たして、マウンドを降りた。

八回裏。西武のピッチャー、西口は先頭バッターの一番、石井琢朗を三球三振に打ち取る。石井はこれで三打席連続三振。西口は好調だった。

だが、二番、波留にストレートのフォアボールを与える。次の三番、鈴木尚への初球は真ん中高めのストレート。鈴木がセカンド方向へ打ち返したボールを二塁手の高木浩之が捕球、波留に直接タッチして、ファーストに送球する。だが、波留へのタッチは認められず、一塁も間に合わなかった。

東尾修監督はじめ西武の首脳陣は猛抗議したが、判定は覆らなかった。

オールセーフで、一死一塁二塁。

西口は四番、ローズを二ボールから詰まらせて、センターフライに抑えた。

二死一塁二塁になったが、横浜のチャンスは続いていた。

ここで、五番、駒田徳広。プロ一八年目の満塁男は三六歳のベテランになっていた。

## Batter's eye ㈡ 古田の視点

この日本シリーズ、マシンガン打線の二〇代の選手たちが打ちまくるなかで、駒田はスランプに陥っていた。第三戦こそ三打数二安打と気を吐いたが、第一戦四打数〇安打、第二戦四打数〇安打、第四戦四打数〇安打……。第四戦までを終えて、打率一割三分三厘、ホームラン〇、打点〇と打撃不振に苦しんでいたのだ。権藤はこう振り返る。

「試合後、『思い切っていかにゃ、お前らしくもない』と声をかけた。すると、『いやー、自信がないんですよ』と言う。だから、『自信がなかったら、使わない』と伝えた。自信がないと言われたら、使うわけにはいかんからね。『今日はもうはずれろ』って言ったんだけど、『いや、やります』と」

そんな駒田に、名誉挽回のチャンスが訪れた。第五戦の三回表。先頭バッターの三番、鈴木尚がセンターオーバーの二塁打。続く四番、ローズがショートフライに倒れて、一死二塁のチャンスを迎えた。ここで、弱気になっていた五番、駒田。権藤の言葉に燃えた。

センター前ヒットを放って、鈴木を返して、このシリーズの初打点をあげる。

四回表。二死満塁のチャンスに、駒田に再び打席が回ってきた。

満塁男の本領発揮、走者一掃のスリーベースヒットをライトへ放って、三打点をあげる。

この日は五打席目、六打席目もセンター前ヒットで六打数四安打、五打点と大暴れした。

駒田は権藤の一声で甦ったのだ――四戦目までは五番、駒田でマシンガン打線が途切れていたのだが、五戦目にしてつながり、レギュラーシーズン通りに機能するようになった。権藤は言う。

「選手は守りに入りがちなんですよ。負けたら、責任を負いたくない気持ちがあって、それが守りの気持ちになってしまう。それが駒田も『いや、やります』と攻めの気持ちになって、打棒が戻って、結局、五戦目は一七点も得点できた」

権藤は決めの一言で不振にあえぐ選手を蘇らせた。

第五戦でマシンガン打線はシリーズ新記録となる二〇安打を放った。

そして何より、五番、駒田がマシンガン打線に完全に戻ってきた。

## 八回裏で勝ち越し、ハマの大魔神が登場

そして、日本一に王手をかけた第六戦。○対○で迎えた八回裏、一死一塁二塁の場面だ。

勝ち越しの一点が、どうしても欲しい場面である。

駒田はこの日、二回にライトフライ、四回にサードゴロ、六回にセカンドゴロと三打数ノーヒット。第五戦での打棒は影を潜めていたが、それはひとえに西口のピッチングが素晴らしかったからだ。八回二死までマシンガン打線を、二回、佐伯貴弘のライトオーバーの二塁打、七回、谷繁元信のライト前ヒットと二安打に抑えていた。

駒田への西口の初球は内角低めの変化球、判定はボールだった。

二球目、真ん中甘めに入る。

駒田はフルスイングした。

ボールを右中間を越えて、フェンス最上段の金網に当たった。

二塁ランナーに続いて、一塁ランナーもホームインする。

駒田は二塁ベース上で両手を高く掲げ、ガッツポーズをする。

走者一掃の二点二塁打、ついに横浜は二点を先制した。

次のバッター、六番、佐伯は敬遠のフォアボール。西口は続く七番、谷繁にフォアボールを与えて、二死満塁とされたが、八番、進藤を空振り三振に打ち取った。

九回表、西武の攻撃を抑えれば、横浜の優勝が決まる——横浜には絶対守護神がいた。試合を締めるハマの大魔神、佐々木主浩。一五〇km／hのストレートと落差のあるフォークボールを武器に、この年、四五セーブの日本記録を打ち立てて、リーグ優勝の原動力となった。

## Leader's eye ① 古田の視点

四年連続のセーブ王、防御率は〇・六四。権藤は佐々木に全幅の信頼を置いていた。

ただ、この日本シリーズ前、佐々木が体調を崩したことは権藤にとって最大の誤算だった。

短期決戦の日本シリーズ、権藤は試合終盤から登板させる佐々木を、はやめの回から投げさせようと考えていた。佐々木が使えるイニングから、勝利を逆算することができるからだ。権藤は言う。

「日本シリーズはどこからでもいくぞ、と。短期決戦だから、六回からでもいくぞと言っていた」

だが、日本シリーズ直前、佐々木が風邪で四〇度近い高熱を出して、第一戦は点滴を打ちながらの球場入りになった。悩んだ権藤がたどり着いた結論は……「無理せず、急がず、やせ我慢」だった。

「無理せず、急がず、はみ出さず」。投手起用の際、常に自分にこう言い聞かせていたと権藤は言う。

「この言葉を考えていたら、佐々木の発熱があった。佐々木を使いたいけど、無理せず、急がず、優勝争いの輪からはみ出してもいかん。やはり、無理をさせず、やせ我慢でいこうと思い直した」

通常通り、佐々木の登板は試合終盤だけにすることを決意した。権藤は続ける。

「やせ我慢でも何でもいいから、選手を信頼する。このチームはちゃんとやってくれるはずだって気持ちを選手に伝えなければならない。だから、佐々木の出番になったら、黙ってお祈りしていたんですよ。ドキドキしながら、お祈りするしかない」

この日本シリーズの間、佐々木の体調は元に戻ることはなかった。

前述のように第一戦は雨で一日順延されたが、本調子ではない。


第一戦は八回表、八対四と四点リードの場面で佐々木は起用された。

二死二塁。バッターは六番、田辺徳雄の代打、大塚光二。三ボール一ストライクから、外角高めに大きく外す。フォアボールで二死一塁二塁としてしまった。

熱のせいか制球が定まらず、次のバッター、七番、伊東勤の代打、高木浩之にもストライクが入らない。初球は内角へボール。二球目、やっと真ん中へストライクが入った。そして、その二球目、二塁ランナーの高木大成が三盗を狙ってスタートを切っていた。

捕手の谷繁がすぐさまサードへ送球、ぎりぎりのタイミングでアウトにした。この場面の高木大成の三盗は不可解なところがあったのだが、それに佐々木は救われた。

そして、九回表。七番、高木浩之を三塁ファウルフライ、八番、清水雅治をピッチャーゴロ、九番、橋本武広の代打、ドミンゴ・マルティネスをショートゴロに抑えて、しのぐことができた。

次の佐々木の登板は第五戦。九回表に打者一一人、六安打、七得点の猛攻、一七対五でリードした九回裏だった。一番、松井稼頭央からの好打順。松井をレフトフライ、二番、小関竜也をセカンドフライ、三番、高木大成をレフトへのファウルフライ。三人であっさりと試合を終わらせた。

## 佐々木主浩への絶大なる信頼

優勝に王手をかけて迎えた第六戦。熱は下がっていたものの、前日の夜、佐々木は緊張で眠れなかったという。八回裏、駒田のタイムリーで横浜が二点を先制した。

そして、迎えた九回表。権藤は佐々木をマウンドに送った。捕手を務めた谷繁は振り返る。

「マウンドに上がってくるときにどういう顔をしているのかと見ていましたけれど、調子はよくなかった。というよりも、調子は悪かったですね」

佐々木は試合前、「まだ三振を取るフォークを西武には見せていない」と語っていたが、「見せていない」のではなく「見せられない」体調だったのかもしれない。

そんな佐々木に、思わぬ事態が襲う。

五番、大塚光二が先頭バッター。東北福祉大学で佐々木と同期の大塚は、この日、センタ前ヒット、センターオーバーの二塁打、ライト前ヒットと三打数三安打、当たっていた。また、第五戦から五打席連続安打で日本シリーズ新記録の六打席連続安打がかかっている打席でもあった。

初球は外角への一四四km／hのストレートを見送り、一ストライク。二球目はフォークがショートバウンドしてボール。三球目は真ん中への一四六km／hのストレートを空振りする。

そして、四球目。外角への一三六km／hのフォークを大塚はレフトへ打ち上げる。

三振を取りにいったフォークボールだった。大塚のバッティングは当てただけだったが、この打球を左翼手の鈴木尚典は後逸してしまう。

大塚は一塁、二塁を蹴って、三塁に向かった。

鈴木尚典は照明が目に入り、ボールを見失ったと言う。

「横浜スタジアムでは年に三回ぐらいはあるんですけれど、なんでいま、こんなときにこんな打球がくるんだという。これはちょっと、今日はまずいぞと思った」

それでも権藤は、慌てたそぶりを見せなかった。権藤はこう語る。

「普段からポーカーフェイスで変わらないけれどね。信頼していますというのを、選手にわからせるように慌てない。あたふたやったら、気持ちの揺れが読まれてしまう」

二点差で無死三塁。続けて、六番、小関の代打、ルディ・ペンバートン。二ナッシングと追い込み、三球目は内角へのフォークで空振り三振。三球で片付けた。

一死三塁で、七番、高木浩之の代打、ドミンゴ・マルティネス。三ボール一ストライクから外角へのフォークが外れ、フォアボールにしてしまった。決め球のフォークのコントロールが定まらない。

次のバッターは八番、中嶋聡。強肩を買われて、正捕手の伊東勤に代わって第三戦からマスクをかぶっていた。この日は無安打ながら、第五戦まで三割七分五厘と当たっている。中嶋は言う。

「佐々木さんは簡単に攻略できないですからね。もう真っ直ぐ一本に絞っていたと思います。もうフォークがきたらごめんなさいぐらいの……」

## 三八年ぶりの日本一

谷繁は中嶋への初球、ストレートを要求した。切れがないフォークを捨てたのだと言う。

「中嶋さんの打席では、ここを何とか抑えないとやばいと思っていました。ストレートを狙われていても、ちょっと低めだったら凡打になる可能性も高いですから」

狙い通り、中嶋を低めのストレートで詰まらせた。

打球は高く跳ね上がってサードに向かった。

サードゴロ。三塁手の進藤達哉がセカンドへ送球したが、間一髪間に合わず、セーフ。二塁手のローズが一塁へ転送したが、一塁もセーフだった。

オールセーフ、その間、三塁ランナーの大塚はホームを駆け抜けていた。

佐々木にとって、二か月ぶりの失点だった。

横浜は一点差に詰め寄られた。

間に合わないはずのセカンドへの送球……負けパターンの展開になってきた。権藤は語る。

「痛いな。なんであんなところにいったんだって……。でも、もう、それこそやせ我慢しかない。谷繁と佐々木の二人の世界ですからね。あとは、どうぞお好きなように、とね。勝負が決するのを、ドキドキしながら、待つだけだった」

なおも、一死一塁二塁のピンチ。

西武はチャンスに強い金村義明を西口文也の代打に起用する。

佐々木のストレートを谷繁は信じた。

渾身の初球は、真ん中低めの一四五km／hのストレートだった。

金村はセカンドへ打ち返す。二塁手のローズが捕球して、セカンドに入った遊撃手の石井へ送る。

一塁ランナーはフォースアウト。すかさず、石井はファーストへ転送する。一塁手の駒田はベースを踏みながら捕球する。金村は間に合わなかった。

スリーアウト、試合終了。

横浜ベイスターズは、三八年ぶりの日本一を勝ち取った。

最後まで選手を信じきった権藤は型破りのやせ我慢で栄光をつかみとり、悲願のホーム、横浜スタジアムでの胴上げを決めた。

## Leader's eye ㈡ 古田の視点

普通、監督は自分が培ってきたものを教え込んで、指導して、組織をうまく機能させる。

それは、野球でなくても、ビジネスほか別のジャンルの現場でもリーダーの役割だろう。

ところが、自主性に任せるとなると、リーダーはなるべく自分を抑えて、個人個人の長所を生かし、足りないところアドバイスして、組織を機能させていかなければならない。

この年の横浜の日本一は全盛だった管理野球の強烈なアンチテーゼになった。権藤は語る。

「プロフェッショナルが管理されて仕事をできるわけはない。管理されて巧くなった選手なんて、いません。『はい、はい』と言っていて、巧くなった選手なんていないんですよ」

最後の最後になっても、権藤は自分から指示をせずに、キャッチャーの谷繁とピッチャーの佐々木、バッテリー二人の判断に任せた。

谷繁は佐々木の力量、その日の調子をつかみ、最善策を考えた。

佐々木も当然、谷繁の意図するところを理解して、持てるものすべてで勝負に挑んだ。

選手の自主性に任せる——監督として、リーダーとして、「言うは易く行うは難し」の最たるものだ。

そんな困難を成し遂げた権藤監督は、球史に残る名将と言えるだろう。

Best Game File 05

# 伝説の一〇・八決戦

一九九四年一〇月八日

中日ドラゴンズ×読売ジャイアンツ

史上初めて同率首位のチーム同士が最終戦で優勝を争った一〇・八決戦。視聴率も史上最高を記録、プロ野球史上、屈指の名勝負と語り継がれている。前評判では追い上げて勢いに乗る中日が断然有利とされたが、巨人が六対三で快勝。一体、そこには、どんな攻防があったのか？　知られざる名勝負の裏側に迫る

優勝を決めて、マウンド上で抱き合う
ジャイアンツの桑田真澄投手と村田真一捕手

約二〇年前のことだ。

「一〇・八決戦」として伝説になったゲームがある。一九九四年一〇月八日、ナゴヤ球場。中日ドラゴンズ対読売ジャイアンツ第二六回戦。プロ野球史上初めてレギュラーシーズンの勝率が同率首位で並んだチーム同士が、最終戦で直接対決して、雌雄を決する優勝決定戦となった。

舞台となったナゴヤ球場には、約三万五〇〇〇人の観客が集まり、テレビの視聴率はプロ野球中継史上最高の四八・八％を記録した。

当時、セ・リーグ公式戦は各チーム二六回戦総当りの一三〇試合制で行われていた。巨人、中日の両チームは一二九試合を消化、ともに六九勝六〇敗、勝率〇・五三五だった。

## 対照的だった投手起用

中日の監督は高木守道。対する巨人の監督は長嶋茂雄。

勝負の決め手になったひとつの大きなポイントは、投手起用だった。

中日は先発、今中慎二。山田喜久夫、佐藤秀樹とつないで、野中徹博で締める。レギュラーシーズン通りの継投策だった。

今中はこのシーズン、一三勝九敗三セーブ。ナゴヤ球場の巨人戦では四勝一セーブ、防御率一・

八五、二年越しで一一連勝していた、まさしくジャイアンツ・キラーだった。
この試合も中村武志たち主力選手に「勝っても負けてもいいから先発して欲しい」と頼み込まれるほどの信頼を集めていた。

「普段通りにいけ！」――今中は高木監督にそう言われていた。

一方、巨人は槙原寛己、斎藤雅樹、桑田真澄の先発三本柱を投入。

中日の高木監督は普段通りの戦いをしようとしていたが、巨人の長嶋監督は特別な試合として挑んでいた。対照的な投手起用だったのだ。

ただ、巨人の先発三本柱に一歩も劣らぬピッチングスタッフが、中日にも揃っていた。

その年、一九勝八敗で最多勝、沢村賞に輝いた山本昌広、防御率二・四五で最優秀防御率を獲得した郭源治。しかし、高木監督はこの大一番に球界を代表するこの二人の投手を起用しなかった。

## Leader's eye 古田の視点

長嶋監督はこの大一番を「国民的行事」と位置づけていた。

桑田は一〇月五日のヤクルト戦に先発、八回二死までノーヒットノーランに抑える好投を見せて、八イニングを投げていた。斎藤は勝てば優勝の決まる一〇月六日のヤクルト戦に先発、一点リードの七回表の打順で代打を出されて交代。七回裏から槙原が投げたが、逆転打を打たれて、一イニングもたず、試合は敗戦していた。

巨人の三本柱のうち、斎藤と槙原は中一日、桑田は中二日だったのだ。

このシーズン、桑田は一四勝一一敗、斎藤は一四勝一一敗、槙原は一二勝八敗。また、槙原は五月一八日の対広島戦で完全試合を達成していた。ちなみに以後、現在に至るまで、完全試合を達成したピッチャーはいない。

こんなエピソードがある。

試合前日、名古屋のホテルで桑田は長嶋監督の部屋に呼ばれた。

「桑田、神宮では、ありがとうな」

桑田は五日のヤクルト戦の感謝の言葉だと受けとめ、次の日に投げることはないと思った。

だが、長嶋監督はこう続けたという。

「明日、しびれるところでいくぞ。頼むぞ」

また、中一日での登板になった斎藤は、長嶋監督にこう言われたという。

「中一日だろうと何だろうと、関係ないんだ。お前らが投げて打たれたら、しょうがない」

すべてを任せるほど、信頼を置いていることを伝えていたのだ。

長嶋にこう言われた斎藤は、投げることになったことが嬉しかったという。

動物的なひらめきとカンピューター、直感による采配——この投手起用は長嶋監督の野球のイメージ通りのように思える。

だが、実は長嶋監督は普段の試合ではセオリーを遵守するオーソドックスな采配をしていた。

## 壮絶なる接戦

先制したのは、巨人だった。

二回表、先頭バッターの四番、落合博満がライトオーバーのソロホームランを放ち、一点をあげる。続く、五番、原辰徳はライトフライに倒れたが、六番、ダン・グラッデン、七番、元木大介がセンター前ヒットを連打。八番、村田真一がフォアボールを選び、一死満塁とする。そして、九番、槙原のセカンドゴロの間に、グラッデンがホームベースを踏んで一点を奪う。二回表、二点を先制。

中日もすぐさま反撃する。二回裏、先頭バッターの五番、アロンゾ・パウエルがセンター前ヒット、六番、仁村徹がライト前ヒット、七番、彦野利勝がセンター前ヒットで無死満塁とする。

ここで八番、中村武志がフルカウントからレフトへタイムリーヒット、さらに巨人の左翼手、グラッデンが後ろに逸らす失策で二塁ランナーの仁村がホームインする。

二点をあげて、勝負を振り出しに戻した。

なおも、無死一塁二塁のピンチ。ここで先発の槙原は降板、斎藤雅樹が継投する。九番、今中慎二は送りバントを試みるが、ボールは斎藤の真っ正面に転がり、三塁ランナーの彦野がフォースアウト。一番、清水雅治は一ボール二ストライクから空振り三振をすると、中村が二塁から飛び出してアウトになり、三アウト。かろうじて、斎藤は中日打線を抑えた。

三回表。巨人の勢いは止まらない。二番、川相昌弘がセンター前ヒット。ここでベンチは三番、松井秀喜に送りバントを指令する。松井は三塁へ犠打を決めて、一死二塁。四番、落合がライトへタイムリーヒットで勝ち越しの一点をあげた。

続く、四回表。天敵の今中に、巨人打線は爆発する。七番、元木はセカンドゴロに倒れたが、八番、村田がライトオーバーのソロホームランで一点追加。九番、斎藤が見逃し三振するも、一番、ヘンリー・コトーがレフトオーバーのソロホームランでさらに一点を奪う。

巨人は試合序盤で三点のリードを奪った。

さらに、五回表。継投した山田喜久夫から、三回に送りバントを強いられた先頭バッターの三番、松井が汚名を挽回するかのようにライトオーバーのソロホームランを放ち、四点差に広げた。

六回裏。中日も一死後、五番、パウエルがセンター前ヒット。六番、仁村は見逃し三振に倒れたが、彦野がセンター前にタイムリーヒットを放ち、三点差に迫る。

斎藤は五回を三安打一失点に抑えて、六回で降板する。

優勝まで残るアウトは九。三点差を守り切るために、長嶋監督は桑田真澄にマウンドを託した。

七回裏。桑田は九番、佐藤秀樹の代打、川又米利を空振り三振、一番、清水をサードゴロ、二番、小森を空振り三振、三者凡退に仕留める。

逃げ切りたい巨人にとって、最大の攻防になったのは、八回裏の中日の攻撃だった。

三番、立浪和義からの好打順。一ボール、二ストライクからの四球目、桑田はPL学園高校の二年後輩の立浪に一四六km／hのストレートをインコースに投げ込んだ。

恐らく立浪は変化球か外角と読んでいた。

普通のバッターなら、見逃しの三振になるところだが、バットコントロールに長けた立浪は振り遅れながらも打ち返した。

サードゴロ。タイミングはアウトだったが、立浪は執念のヘッドスライディングを敢行する。

判定はセーフ。スタンドもベンチも異様な盛り上がりを見せる。

ところが、立浪は倒れたまま、しばらく立ち上がれなかった。

左肩を押さえながら、やっと立浪は立ち上がる。そして、治療のためにベンチに下がったが、左肩の脱臼のため、もはやプレイの続行は不可能だった。

代走に、鳥越裕介が告げられる。立浪の気持ちに応えようと、反撃に向けて、中日ナインの士気は上がっていた。桑田にとっては、無死一塁のピンチだ。

## 徹底的なインコース攻め

次のバッターは、四番、大豊泰昭。大豊はこの年、三八本の本塁打を放って、ホームラン王に輝いていた。アウトコースや真ん中高めなど、バットが届くところへボールがくれば、ホームランにする腕力を持ったロングヒッターだ。

一球目はインコースへのストレート、ストライク。

その後も、徹底的にインコース攻め。二球目からはスライダーを投げ続ける。

三ボール、一ストライクからの五球目。大豊のバットは桑田渾身のスライダーをとらえた。

だが、どん詰まりのボールに勢いはなく、ライトフライに終わった。

ボール一個、真ん中にずれていたら、ホームランだったかもしれない。

三点差のこの場面、ホームランなら二点差に詰め寄られてしまう。

だが、立浪の熱い気持ちが過剰に伝わって、大豊は過剰に力んでしまったのかもしれない。

そして、次のバッター、六番、パウエルに桑田はフォアボールを与えてしまう。

一死一塁二塁。ピンチは拡大した。

打席には六番、仁村徹。桑田が苦手としているバッターだ。

仁村への一ボール一ストライクの後の三球目、桑田は外角へフォークボールを投じた。

ところが、ワンバウンドになってしまい、キャッチャーの村田は後逸する。

その間に、二塁ランナーの鳥越が進塁、ランナー一塁三塁にピンチは広がった。

その後、二ボール二ストライクから、桑田が投じた勝負球はフォークボールだった。

一度、ワンバウンドした球種を低めぎりぎりに決めた。

仁村のバットは空を切る。

桑田はあえて一度ミスした同じ球を投じて、抑えきった。

## Catcher's eye 古田の視点

この局面で勝負の分かれ目になったのは、あえて危険をおかした配球だった。

バッターとしては、一度ミスした同じボールはこないと思う。

基本的にバッターは、直前にピッチャーがミスしたボールを狙い球にしないのだ。

だが、だからこそ、バッテリーにとってはチャンスになる。

村田は桑田が二度、フォークボールを投げたら、一度目はワンバウンドになっても、二度目は連続して失敗しないと信じていた。桑田も次のフォークはワンバウンドにしない自信があったし、村田が自分を信じて二度目のサインを出したことに、意気を感じたに違いない。

キャッチャーは低めぎりぎりに決まるとピッチャーを信じて、ピッチャーは万が一、ワンバウンドしたとしても、キャッチャーは後逸しないと信じる。

バッテリーに信頼関係がなければ、こんな勝負はできない。


また、この前の場面、四番、大豊泰昭を打ち取ったのにも、徹底的なインコース攻めという配球の妙があった。両翼九一・四m、中堅一一八・九mという狭いナゴヤ球場。大豊の得意とするアウトコースや真ん中高めはリスクが高いが、インコースなら腕をたたむかたちになり、なかなかホームランを打てない。だからこそ、桑田は大豊に対して徹底的なインコース攻めをすることにしたのだ。

一方、そこにも大きなリスクがある。真ん中寄りに少しでも甘く入れば、大豊はホームランを打つ力を持っていたし、インコースを攻めすぎればデッドボールでピンチは拡大する。

大豊を抑えるためにはその中間、きわめて狭いゾーンにボールを投げ込むしかない。

また、左バッターの大豊には内角へ食い込むスライダーは有効となる。そこで、桑田はインコースのストレートに加えて、真ん中からインコースに食い込むスライダーを決め球にすることにしたのだ。スライダーを主体にして、徹底的にインコースを攻める。左バッターの大豊に外側から内側へ食い込むスライダーをインコースへきっちり投げれば、打球を詰まらせることができる。

まさに、勝負は紙一重。プロフェッショナルな戦いが繰り広げられたのだ。

## 桑田真澄の抜群の制球力

八回裏。苦手の仁村を打ち取ったが、二アウトながらランナー一塁三塁。依然、ピンチは続く。

打席には七番、彦野利勝が入る。

彦野はこの年のレギュラーシーズン、桑田に対して打率三割三分三厘と打ち込んでいた。

しかも、この日も二安打一打点とあたっていたのだが、桑田には〝球種を読まれても、打たれない制球力〟があった。桑田はこう考えていた。

「バッターはいつかストレートがくるという意識がある」

桑田はカーブ、フォーク、スライダーと変化球を連投して、打ち気を逸らそうとした。

「いつストレートがくるんだ」という意識を彦野に頭の中に描かせるような配球をしていたのだ。

ただ、プロフェッショナル同士の勝負の世界。桑田の狙いは、彦野も直感的につかんでいたと言う。

「桑田は真っ直ぐでは勝負にこない。それだけは間違いない」

そして、こう読んでいた。

「最後の球はフォークかな、と」

六球目。桑田の勝負球は彦野の読み通り、フォークだった。

彦野は外角寄りの一三五㎞／ｈのフォークをバットの真っ芯でとらえた。

しかし、結果はサードライナー。軍配は桑田にあがった。

彦野は配球を読み切っていた。ただ、桑田の投げたフォークボールのコースが、勝負の分かれ目となったのだ。彦野は振り返る。

「意外と低めのいいところにきていたので、芯には当たっているんですが、もう一息、飛ばなかったという。瞬間、自分のなかで悔しい思いがこみあげてきました。球種はわかっていたのに、あそこに投げきれられちゃったということですね」

抜群の制球力で、桑田は最大のピンチを乗り切った。桑田はこう語っている。

「ボール一つ分、いや、ボール半分高かったら、サードの頭を超えていたかもしれない」

九回裏。中日は六対三で三点のビハインド。先頭バッターの八番、中村はサードゴロに打ち取られる。九番、野中の代打、前原博之もピッチャーゴロに倒れた。

続く、一番、清水がライトへヒットしたが、二番、小森はあっけなく空振り三振。

桑田のガッツポーズとともに、巨人の優勝が決まった。

## Batter's eye 古田の視点

なぜ、今中慎二は巨人打線を抑えきれなかったのか？

中日のエース、ジャイアンツ・キラーとして期待された今中は、四回までに三ホームランを含めて、八安打を浴びてノックアウトされた。

一体、何が起こったのだろうか？

一回表、今中は巨人打線を三者凡退に打ち取った。

しかし、今中はいつにない違和感を覚えていたという。

先頭バッターのコトーはサードゴロ、二番バッターの川相昌弘は空振り三振に打ち取る。

しかし、川相は思いっきりバットを振り切った直後、悔しがる様子はなく、頷いているように見えた。初回、川相は二番バッターの役割として、出塁するためにのらりくらりとするはずだ。

続く、三番、松井秀喜もあっさりとファーストゴロに倒れた。今中は振り返る。

「川相さんが簡単に三振するなんて、ありえない。しかも、なんで三振して頷いているのか？　それに三人で終わるなんて、何かおかしい。何か策でもあるのか、気持ち悪いと感じていた」

なぜ三振した川相は頷いていたのか？

そこには、巨人打線の今中攻略法が秘められていた。

特命を受けたのはスコアラーの三井康浩だった。三井は一九七八年にドラフト外で島根県立出雲西高校から巨人に入団。内野手、外野手としてプレイしたが、一軍出場はなく、腎臓疾患のために五年で現役を引退。二六歳でスコアラーに転身、敏腕として名を馳せていた。その後、WBC日本代表のチーフスコアラーとして、二〇〇九年の侍ジャパンの世界制覇でも力を発揮している。

三井は今中攻略のために、次のような作戦を長嶋監督から指示されていたと言う。

「まったく打てていなかったので、プラスイメージで行こう、と」

決戦の前夜。三井は選手たちに、ビデオを見せていた。

ビデオは今中のピッチングを背後から撮影したものだった。

今中の投球のクセを徹底的に研究した映像だ。

三井は今中のピッチングフォームを繰り返し見ていくうちに、テイクバックに入る前、ストレート、カーブ、フォークで次のように、手首の角度が違うことに気がついた。

ストレート——ボールを握った手首が曲がっているのが見える。

カーブ——ボールを握った手首は真っ直ぐになっているのが見える。

フォーク——ボールを握った手首はグラブのなかに隠れて見えない。

そのため、試合前、中畑清打撃コーチからバッターたちに打席から「クセを見れる人は見てくれ」という指示があった。

その役割を、川相は果たした。

今中が投げるときの手首、球筋を確認して、川相は頷いていたのだ。

それまで、巨人打線は今中をまったく打てなかった。打ち崩せる自信もなく、マイナスイメージを持っていた。だが、手首のクセから、ストレート、カーブ、フォークかがわかる。

打てそうもない球種は捨てて、得意球に絞っていけば、今中を打てるかもしれない――長嶋監督の思惑通り、その後、巨人打線はプラスイメージで今中に挑むことができたわけだ。

もうひとつ、メンタルな面で見逃せないところがある。

長嶋監督のこの試合に賭ける〝情熱〟だ。それは、チーム一丸になった全員攻撃を生んだ。監督のこの試合に賭ける熱い情熱を受けて、何が何でも、今中を打ち崩す――巨人の選手全員がそう思っていた。そして、その思いがチーム一丸になった全員攻撃を生んだのだ。

その気迫がもっとも現れたのは、三回表だった。先頭バッターの川相がライト前ヒットで塁に出て、無死一塁三番、松井秀喜の打席。入団二年目の松井は三番バッターに定着、それまでホームラン一九本を放ち、クリーンナップの重責を十分にはたしていた。

だが、この場面で長嶋監督は迷わず、松井に送りバントを指令した。

松井は一球目を三塁線に転がしてファウルにしたが、二球目、確実に送りバントを決めた。

松井の送りバントは巨人打線の士気をさらに高めた。

その直後、四番、落合に今中が投じた二球目。落合は一四三㎞／hのストレートを、詰まりながらもライトに運んで、タイムリーヒット。貴重な追加点につながった。

さらに、勝利への強い思いは、信じられないようなプレイを引き起こした。

四回表。先頭バッターの七番、元木大介がセカンドゴロに倒れ、八番、村田真一。この年、村田は今中に対して打率一割五分七厘、ヒットは三本、ホームランは一本も打っていなかった。

ところが……ストレートと読んで村田はステップしたのだが、スローカーブがきた。

通常ならタイミングが狂って凡打する。

しかし、村田は瞬時に修正して、再度ステップ、フルスイングした。

ツーステップしたわけだ。

それは、常識を超えたバッティングだ。

スローカーブを完璧にとらえられて、ボールはライトスタンドへ放物線を描いた。村田は語る。

「僕はあのとき、ワンピースで打っていない。ツーステップしてるんですよ。もちろん、速い球を待ってました。たまたまゆるいカーブがきたから、ツーステップした。本当にたまたまなんです」

勝負はときに、人智を超えたものになる。

気力、自信がみなぎって、それが結果を残すこともあるのだ。
五回表、村田真一のダメ押しの五点目のソロホームランは、まさにそういうものだったと言える。それは、技術や体力ではなく、気力からくるものなのかもしれない。

試合後、両軍の将はこう語っている。
「屈辱の一戦だった。ああいう試合は特別。今まで通りやればいいと思ってしまった。経験が足りなかった。巨人は主力投手をすべて使った。私は山本昌、郭も使い切れなかった。悔いが残ります」（中日ドラゴンズ・高木守道監督）
「監督として一番印象に残る試合と言われれば、この一〇・八以外にない。一ゲームを勝った負けたで一年の優劣が決まる。これほど過酷な試合はない。敗者になれば地獄へ落とされる怖さがあった」（読売ジャイアンツ・長嶋茂雄監督）

Best Game File 06

一九九三年日本シリーズ

# ID野球とギャンブルの逆襲

西武ライオンズ×ヤクルトスワローズ

一九九三年の日本シリーズ。黄金時代の西武をヤクルトが破った。その原動力は前年に同じ西武に敗けた悔しさ。打倒・西武を掲げ、徹底的な戦力分析で対抗。さらにデータ重視のＩＤ野球と正反対の秘策「ギャンブルスタート」を編み出し、第七戦で成功させて、優勝を決定づけた。執念で実現させたリベンジとは？

第七戦、八回表一死三塁。古田敦也は広澤克己のショートゴロで「ギャンブルスタート」を切って、ホームインした

一九九三年一一月一日、西武球場。一三時三分、西武ライオンズとヤクルトスワローズとの日本シリーズ第七戦が始まった。

ＩＤ野球を掲げた野村克也監督率いるヤクルトとジャイアンツＶ９のＤＮＡを引き続き、黄金時代を築いていた森祇晶監督の西武――両雄の対決は前年に続いてのことだった。

第一戦は八対五でヤクルト、第二戦も五対二でヤクルト、第三戦は七対二で西武、第四戦は一対〇でヤクルトが勝ち、ヤクルトが優勝に王手をかけた。しかし、西武は第五戦を七対二、第六戦を四対二でものにして、三勝三敗。両雄は譲らず、前年に続き、再び最終第七戦までもつれこんだ。

ヤクルトの先発は川崎憲次郎、西武の先発は渡辺久信。川崎は第四戦先発で中四日、渡辺は第三戦先発で中五日での登板だ。一〇月三〇日に予定されていた第六戦が雨天順延になり、ヤクルトは川崎起用が可能になった。第四戦で川崎は八回、被安打六、与四死球二、無失点、第三戦で渡辺は七回三分の二、被安打二、与四死球四、失点二、ともに勝利投手になっている。

## 一回から両チーム四番のホームランの競演

試合は、初回から動いた。

一回表。一番、飯田哲也はセカンドゴロに倒れたが、二番、荒井幸雄が一ストライクからの二球目、外角をセンター前ヒット。三番、古田敦也が一ボール二ストライクからの四球目、外角を詰まらせてサードゴロ。ところが、三塁手の石毛宏典がファーストへ悪送球。荒井が三塁へ進み、一死一塁三塁となった。ここで、四番、主砲の広澤克己（現・克実）。二ボール二ストライクからの七球目、真ん中への変化球をバックスクリーンへ放り込み、三ランホームラン。三点を先制した。

その後、五番、ジャック・ハウエルは四球。六番、池山隆寛、七番、秦真司は続けて三振。渡辺は、何とかヤクルト打線の後続を断った。

一回裏。いきなり三点のビハインドを負った西武は一番、辻発彦がフルカウントから四球を選んで出塁する。二番、山野和明は最初からバントの構えで、初球を一塁方向に転がして、辻を二塁に送った。三番、石毛宏典は二ボールからのストライクを詰まらせて、センターフライに倒れた。

ここで四番、西武の主砲、清原和博。この日本シーズン、このときまで清原は二五打数八安打、打率三割二分、本塁打一、打点四。第五戦の二回表には勝負を決めた先制のソロホームランをバックスクリーンに叩き込むなど、好調を維持していた。

初球は外角低めへのボール。内角甘めに入った二球目、清原はレフトスタンドへ二ランホームランを放つ。両チームの四番によるホームランの競演によって、試合は三対二の一点差となる。

その後、試合は動かなくなった。

ヤクルト打線は二回から五回まで、四球でしかランナーを出すことができない。

六回表。三番、古田がフォアボールで出塁するが、四番、広澤がセカンドライナー、五番、ジャック・ハウエルがレフトフライで倒れた。

六番、池山は敬遠のフォアボールで二死一塁二塁のチャンス。続く、七番、秦は一ストライクからの二球目、真ん中低めをセンター前ヒット。ところが、強肩の中堅手、秋山幸二がセカンドへ送球して、一塁ランナーの池山は二塁、三塁間に挟まれてアウトになる。池山は二塁ランナーの古田が三塁で大橋穣守備走塁コーチに止められているのを見ていなかったのだ。

一方、ヤクルトの先発、川崎は二回裏に垣内哲也へレフト前ヒット、三回裏に辻へライト前ヒットを許したものの、四回から七回まで完璧なピッチングを続け、西武の強力打線を抑え込んだ。

## Catcher's eye ㊀ 古田の視点

川崎の好投の要因は、徹底した内角攻めにあった。

データを重視するヤクルトのＩＤ野球——野村監督は西武の弱点を徹底的に分析していた。

この日本シリーズでその効果が顕著に表れたのが、川崎が先発した第四戦。徹底して内角を攻めて、内角への速球を勝負球にして、西武に得点を与えなかった。

なぜ徹底した内角攻めが奏功したのか？

西武の右バッターは、秋山幸二以外、ほぼ全選手が逆方向、センターから右中間に打つのが得意だった。辻発彦、石毛宏典はその典型だったし、清原和博にしてもどちらかといえばセンターからライトへの打球が強い。

そのため、シーズン前のミーティングでは、いかにインコースに投げられるか、とくに右バッターへの内角攻めをどう徹底するかがポイントになった。

さすがに対戦した西武打線も、川崎の内角攻めに気がついていた。石毛は語る。

「『今年は相当に内角が多いな』という印象はありました。ただ、川崎というエースのボールのキレと内角への気迫のこもったボールにライオンズは抑えられていって……」

知将同士の対決だけに、西武の森監督は野村ヤクルトの狙いを読み取って、打線の攻撃の方針を変えたと証言している。

「ベンチの読みあいということを感じました。ある面、楽しかったというのかな。それで、向こうも仕掛けてくる。だけど、こちらもそれに乗らないという」

第四戦は川崎にしてやられたが、第七戦、西武はヤクルトの裏をかく作戦を取った。

一回裏。ランナー二塁で四番、清原が放ったツーランホームラン。川崎は西武打線を苦しめていたはずの内角を清原に打たれた。川崎は言う。

「打たれるなんて思っていなかったんです。読みもそうだし、力というかパワーというか、そのへんはすごいなあと感じましたね」

清原のこの打席、一球目の外角低めの球種はスライダーだった。ここで、清原は内角を待っているかのように身体を開いていた。二球目の内角を清原はバットの真っ芯でとらえた……。

一回裏の西武の攻撃が終わった直後、野村監督に厳しく叱責されたことを、いまもよく覚えている。野村監督はこう語る。

「『何とかこのキャッチャーをものしなければいかん』という思いがあったから、要求は厳しくなる。そういえば、よう怒っとったな。打たれて帰ってくると、『あの一球の根拠はなんだ！　根拠を説明しろ』『何で真っ直ぐや！』『何で変化球じゃ！』といじめていた。キャッチャーの仕事のなかで一番頭を使うのが配球術だけど、それは何らかの基準に則って次の球を決めるということなんだ。オレは、バッターの反応を見て、決めることが多かったけどね」

野村監督からは数多くのことを学んだが、とくに「相手の反応を見て配球を変えなくてはいけないこと」は肝に銘じろと教えられた――この試合、清原が内角を待っていたように、西武打線は内角に狙いを絞っていた。

そこで、決め球を外角に変えることを決断した。

## Catcher's eye ⑪ 古田の視点

西武打線が内角に狙いを絞ってきたからといって、内角攻めを外角攻めに変えるだけではそれほどの効果は期待できない。野村監督には「外角を攻めるときは、内角を意識させる配球をしろ」と言われていた。外角で勝負するためには、まずバッターに内角を意識させる配球をする必要がある。

七回裏。先頭バッター、清原の第三打席。初球、あえて一回裏にホームランを打たれた内角へのストレートを要求した。第一打席よりも内側、ストライクゾーンぎりぎりだ。清原に内角球を強く意識させるためだった。判定はストライクだった。川崎はこう言ってくれる。

「古田さんのリードは強気。一球見せて、バッターにまたくるんじゃないかと思わせるんです」

二球目は外角低めへボール、三球目も外角低めの落ちる変化球でワンバウンド、二ボール一ストライクとした。そして、四球目。内角の変化球に手を出させてファウルを打たせて、二ボール二ストライクと追い込んだ。

五球目。清原は身体を開いていた。内角を待っていたのだ。ここで、外角へのフォークボールで攻める。内角にいくと思わせて、外角のフォークだ。清原の態勢は大きく崩れて、空振りの三振。

内角を意識させる配球――それはどういう配球なのか？　野村監督はこう説明している。

「外角低めというのはある意味、安全圏。配球の基本でもある。それを生かすにはバッターに何とか『内角にくるのではないか』と思わせること。これがキャッチャーの技術だからね。インコースを意識させると、こちらのペースになる。そうして、バッティングフォームを何とか崩して、仕留めるという。それに、バッターはインコースにくるんじゃないかと思うと、どうしても身体が開く。すると、外角にスライダーがくると、バットが届かない」

バッターはアウトコースは腕を伸ばして打つのだが、インコースは腕があまり伸びないところでバットにボールが当たってしまって、詰まってしまいがちだ。ところが、ピッチャーがインコースを投げ続けると、バッターもプロの選手だから「この球を何とか打ってやろう」と考える。

自分が得意な方向に打つのではなく、どうせまた同じコースがくるなら、「この野郎、打ってやろう」と考えるのがプロ野球選手なのだ。

ただ、バッターとしてはいつもの打撃フォームでは、どうしてもインコースは詰まり気味になる。そこで、距離を保つために身体を少し開いたり、後ろ側に体重をかけて、バットの芯でボールをとらえるようにする。

だから、インコースを狙っているバッターは身体を開く。後ろに体重をかけるように意識する。なので、次にインコースがきそうな配球をして、逆をつけば……インコースを狙っているところにアウトコースがくると、バッターは対応がむずかしくなる。

アウトコースが得意なバッターでも、身体を開いたり、後ろに体重をかけている分だけ、いつもと違ってバットがボールに届かなくなる。結果、凡打に打ち取ることができるのだ。

七回の清原和博。一回に低めのインコースでホームランを打たれていた。

だが、あえて初球からインコースを攻めた。

ほとんどのバッターはインコースの速いボールをホームランにすると、次はもうインコースがこないだろうと考える。「俺にホームラン打たれて怖いだろうから、どうせインコースはこないだろう。次は外角のカーブを狙ってやろう」とバッターは考えるものなのだ。だから、ホームランを打たれたボールは直後、ノーマークになりがちなので、打たれたボールを配球するのは有効だ。

そうすると、バッターに「この野郎、まだインコースがくるのか」と強く思わせることができる。しかし、そのまた裏をかいて、次は打たれたインコースは投げさせない——「打たれた球から入れ」「抑えた球はいくな」とよく言われるが、バッター心理からも、配球の理にかなったことなのだ。

この試合、川崎は三番バッターの石毛宏典もセンターフライ、ショートゴロ併殺打、三振と完璧に抑えることができた。石毛はこう語っている。

「内角をちょっと意識すると、外目の甘いボールも遠く見えてしまう。いま思えば、ヤクルトベンチ、バッテリーの術中に徐々に徐々にはまっていってしまったのかなという感じです」

## 雪辱をこめたヘッドスライディング

川崎は二回以降、被安打二、無失点の好投を続け、ヤクルトの日本一を大きく引き寄せた。そして、三対二で一点リードのまま終盤八回に入る。ヤクルトとしては、追加点がほしい。

八回表。この回から西武のピッチャーは潮崎哲也に交代していた。このシーズン、防御率一・一八、不動のストッパーとしてリーグ優勝に貢献していた。

先頭バッターの荒井幸雄はフルカウントからライトフライに倒れる。

次のバッターは三番、古田敦也。一回表はサードゴロ、三回表はピッチャーゴロ、六回表は四球。この日は無安打だったが、どうしても、追加点のチャンスをつくりたいところだった。

初球は外角へボール。二球目、内角低めの変化球がボール。三球目はファウル、四球目は真ん中高めのシンカーがボールで、三ボール一ストライク。バッター有利のカウントになった。

そして、五球目。真ん中から内角へ甘く入るシンカーをセンター奥深くに打ち返した。

古田は二塁を回り、三塁へヘッドスライディング。ボールはフェンスで微妙なクッションをする。中堅手の秋山から中継された遊撃手の田辺徳雄は、三塁への送球を諦めた。

ヘッドスライディングで三塁を陥れた気迫の原動力は、一年前の悔しさだった。

一九九二年の日本シリーズ。やはり、ヤクルトと西武との対戦。第一戦は七対三でヤクルトが勝ったが、第二戦は〇対二、第三戦は一対六、第四戦は〇対一で西武が勝ち、優勝に王手をかける。だが、第五戦は七対六、第六戦は八対七でヤクルトが勝って、タイに持ち込んだ。

一九九三年と逆のパターンだったが、一点を争う緊迫した試合が続いていた。

第七戦。ヤクルトは四回裏、先頭バッターの一番、飯田がレフトへの二塁打を打つ。続く二番、荒井の送りバントを三塁手の石毛が悪送球する間に飯田が一気にホームインして先制した。しかし、西武は七回表、セカンドゴロ失策で出塁、送りバントで二塁に進んだオレステス・デストラーデを投手の石井丈裕がセンターオーバーのタイムリーでホームに返し、同点に追いついた。

七回裏。先頭バッターの広澤がレフト前ヒット、次のバッター、ハウエルはレフトフライに倒れたものの、池山、秦が続けてライト前ヒットで一死満塁となる。

ヤクルトに勝ち越しのチャンスが訪れた。

ここで、ジョニー・パリデスの代打、杉浦享。杉浦は第一戦一二回裏、一死満塁に代打で登場。鹿取義隆からシリーズ史上初の代打サヨナラ満塁本塁打を放った〝代打の切り札〟だ。前日の第六戦でも六回裏、二死満塁で代打に出てフォアボールを選び、押し出しの一点をもぎとっている。神宮球場のヤクルトファンは最高潮に盛り上がる。

石井の杉浦への初球は外角高めに大きく外れてボール。二球目は外角低めにストライク、三球目はストレートが内角に外れてボール、四球目はファウルだった。五球目も外角高めに外れてボールでフルカウントとなった。

勝負の六球目、杉浦は外角高めを叩きつけて、バットを折りながら一塁二塁間へのゴロを打つ。むずかしいゴロなうえ、二塁手の辻の送球も高く逸れ、誰もが勝ち越しを確信したが……。

広澤はホームでタッチアウトになった。スタートが大きく遅れたためだった。だが、なぜスタートが遅れてしまったのだろうか？　広澤はその理由をこう説明する。

「一アウトフルベースで『ライナーゲッツーだけは絶対、避けろ』と三塁ベースコーチから言われていた。だから、スタートは相当に遅れてしまいました」

野村監督の指示は「打球がライナーなら戻れ。ダブルプレイに注意しろ」という慎重なものだった。そのため、広澤は打球の行方を気にしすぎて、スタートが遅れたのだ。その後、この試合は延長一〇回表に決勝点を奪われて、ヤクルトはあと一歩で涙をのんだ。野村監督は言う。

「あれは俺にとってもいい教訓になった。やっぱり、走塁で勝負しなきゃいかん。ギャンブルしなきゃいかんということを広澤に教わった。そして、次の年から『ギャンブルスタート』を徹底させた。ライナーをケアしよう、フライだったらどうしようとか気にしていたらスタートが遅れてしまう」

## Batter's eye　古田の視点

一九九二年の敗戦から、野村監督は勝つためにはギャンブルも必要と、新たな作戦を考えていた。三塁ランナーはバッターが打った瞬間に飛び出すと、打球がライナーの場合、ダブルプレイになる可能性が高い。逆に打球がゴロだったら、打った瞬間に飛び出すと生還確率が高くなるのだが、慎重になりすぎると広澤のようにスタートが遅れて、ホームでアウトになってしまう。

そこで、バッターが打った瞬間、三塁ランナーは打球を判断せず、本塁へ突入する「ギャンブルスタート」を編み出した。ダブルプレイになるリスクは覚悟のうえだ。野村監督はこう語っている。

「バットとボールが当たったら、三塁ランナーはGOという。勝負だから一か八かの『ギャンブルスタート』を使えと伝えた」

イチかバチかのギャンブルスタート……本来、データを重視する野村監督のID野球とは正反対の作戦だった。だが、野村監督は翌年のキャンプ中から、その意図を選手たちに理解させた。

あの失敗から一年。再び三塁ランナーがホームを狙う絶好のチャンスが巡ってきた。

一九九三年の日本シリーズ第七戦。八回表、一死三塁。野村監督からギャンブルスタートのサインが出ると確信していた。しかし、監督は「ギャンブルはしない」と決断した。

一点も奪われたくない西武が極端な前進守備をとっていたからだ。

この走塁はイチかバチかだったが、キャッチャーの自分としては、もう一点、絶対に欲しかった場面だ。とにかく西武に勝ちたかった。一年間これだけ頑張ってきて、たまたま自分がランナーでいた。絶対に行かなくてはならない。それしか頭になくなっていたのだ。

前の年、監督も走塁であれだけ悔しい思いをしていたので『ギャンブルスタート』のサインが出るかと思ったら、『ストップ』という指示が出た。監督自ら考案したにもかかわらず、『ここしかない』という場面でストップをかけたのだ。意外を通り越して、驚きがあった。

そのため、三塁ベース上で『ここは行くでしょう』と三塁ベースコーチに思わず言っていた。

そして、監督のサインを無視して、本塁へ突入することを心に決めた。

バッターボックスに立っていたのは一年前、屈辱を味わった広澤克己だった。

広澤は前の年、悔しい負け方をしていたため、『今年は絶対、西武を破るぞ』と春のキャンプからチームを引っ張っていた。そして、日本シリーズには絶対に行くものだと思い込んでいた。シーズン中はセ・リーグの他のチームを見ていないようなところもあったくらいだ——強いリベンジの気持ちは選手全員にあったが、広澤の思いは誰よりもとりわけ強かった。

潮崎、伊東の西武バッテリーは強気に内角を攻める。

一球目、内角高めのストレートでボール、二球目も内角高めのシンカーでファウル、三球目、四球目も内角高めのシンカーでボール。三ボール一ストライク、五球目、伊東のミットは内角に構えられていたが、ボールは真ん中寄りになった。広澤は詰まらせながらも、打球はピッチャーの頭を越えて、セカンド方向へ向かう。

その瞬間、スタートを切っていた。

セカンドベース前で追いついた遊撃手の田辺は、ホームに走る姿を見て間に合わないと判断、ファーストに送って広澤をアウトにする。

その間、ダメ押しのホームを踏んでいた。

広澤の打球の行方を追ってからスタートを切っていたら、アウトになっていたタイミングだった。まさに、ギャンブルスタートでなければ奪えなかった一点だったのだ。

野村監督の判断を上回るプレイができたのは、自分の能力以上のものがあの瞬間、出たのかもしれない。ただ、ギャンブルスタートは春のキャンプから練習してきたものだったし、シーズンでも実際に何度も試みていた。そのなかで自信をつけていたので、あの場面では絶対に挑戦すべきものだと思い込んでいた。自分自身、監督経験があるため、監督の命令違反は厳禁なことはわかっている。

しかし、あのときは自分の気持ち、行動を止めることはできなかった。

あんなにあからさまに監督の命令を無視したのは、現役生活で最初で最後のことだった。だから、一度、きちんと監督に謝らなくてはいけないと思っていたが、野村監督はこう言ってくれている。

「古田の話を聞いて、つくづく思うけど、やっぱり強かったはずだよ。選手が自覚を持って、いい野球をしてくれたわけやからね。監督が何も言わなくても選手が勝手に動く。会社でも何でも、チームはそうですよね。細かく言わなくても、普段の教育によって、メンバー全員が自分で判断、行動できる、そういうチームはできると思うんです」

一年前の敗北で、選手全員は成長していた。負けてよかったとは言わないが、あの一年間、監督もコーチも選手もスタッフも、西武に絶対、勝つことばかりを考えて、勝つための作戦、準備を一生懸命に考えて、ひたすら野球に取り組んでいた。

## Leader's eye　古田の視点

一九七〇年に南海ホークスでプレイングマネージャーとして監督を務めてから二〇有余年、日本一のチームをつくりあげることが野村監督の念願だった――そして、ＩＤ野球とともに、野村監督のチーム強化の象徴として、この日本一の裏には配置転換で選手を生かす人事戦略があった。

その代表的なケースが胴上げ投手となったストッパー、高津臣吾だ。高津は一九九〇年のドラフト会議で三位指名されて亜細亜大学からヤクルトに入団。野村監督は一九九〇年から指揮を執り、高津を一年目から先発に抜擢したが、プロ入り後二年間で六勝四敗、防御率も四点台で目立った成績をあげられないでいた。そして、この年に先発からストッパーに転向している。高津はこう語る。

「いまとなれば、大きな転機でしたね。球が速いわけでもなく、狙ったときに三振が取れるピッチャーでもなかったので、ベンチに入ることを目指していました。とにかく、何とかして入る。先発だろうが、敗戦処理だろうが、ベンチに入ることしか考えていなかった」

新守護神となった一九九三年のレギュラーシーズンの成績は、五六試合の登板で六勝四敗二〇セーブ。いきなり三面六臂の活躍をした。野村監督の適材適所の配置転換が奏功したわけだが、なぜ高津をストッパーにしようと考えたのか？　野村監督は言う。

「まずは一つ、性格。ピンチになっても、何にも動じない。それとコントロールがいいところだね。先発完投というポジションより、リリーフのほうがいいのではないかとふと考えて、リリーフをやらせたんだけど。あんなにいいストッパーになるとは思わなんだけどね」

野村監督は適切な方向付け、配置転換をして、選手を育て上げた。

高津の場合、飛びぬけたスピードも決め球となる変化球もないピッチャーだったため、ストッパーとして、何か一つ大きな武器が必要だと考えた――最大の武器、一〇〇km／hのシンカーは新人時代、「お前のストレートはプロフェッショナルでは通用しない。野球で飯を食いたければ西武の潮崎哲也のシンカーを盗め」とアドバイスされて、完成していったという。

奇しくも日本シリーズで二年連続対決した西武の潮崎哲也は、高津と同じサイドスローのピッチャーだった。潮崎のシンカーは大きく縦に落ちて、一九九二年の日本シリーズでも、ヤクルトのバッターをきりきり舞いにしていた。野村監督は続ける。

「『あのシンカーを何とか盗め』と言って強制したんだ。『お前ぐらいのスピードの揺さぶりでは、なかなかむずかしいから、緩急を覚えろ』と言ってね。そうしたら次の年のキャンプで一生懸命やっていた。『監督、こんなところから抜いています』『ものすごくむずかしいですね』というふうにね」

高津は試行錯誤の末、何とかシンカーを自分のものにする。

そして、この日本シリーズでも、シンカーを駆使して西武打線を苦しめた。第二戦、第四戦、第七戦でセーブポイントをあげて、日本一に貢献。最高殊勲選手賞は第四戦、第七戦の勝利投手、川崎憲次郎に譲ったものの、優秀選手賞を受賞している。高津は続ける。

「僕にとってはシンカーとの出会い……一番、自分に合ったいい球だったと思っています。そして、野村監督にはイチから……野球はもちろん、人間としてのイチから教えてもらった」

その後、高津は日本プロ野球歴代二位の通算二八六セーブ、史上二人目となる日米通算三〇〇セーブを記録。また、アメリカだけでなく、韓国、台湾のプロ野球でも活躍、世界に通用するストッパーに成長した。高津は野村監督に「日本を代表する抑えになれ」と言われていたという。

野村監督は南海ホークス選手兼任監督時代の一九七七年、あの江夏豊をリリーフ投手に転向させている。

江夏は血行障害や心臓疾患などで長いイニングを投げられなくなり、思うような成績が残せないでいた。野村監督は先発にこだわり、リリーフ転向に抵抗する江夏に「野球界に革命を起こそう」と説得して、リリーフ転向をうながした。リリーフ投手のパイオニアを育てたという野村監督の実績も、高津に響くものがあったに違いない。


「配置転換」で別のポジションで才能を開花させて、活躍した選手は高津だけではない。

この日本シリーズの第四戦、矢のような送球でチームを救った中堅手の飯田哲也もその一人だ。ヤクルトが一点を勝ち越していた第四戦の八回表、二死一塁二塁。二塁ランナーは安部理の代走、俊足の笘篠誠治。バッターの三番、鈴木健はセンター前に打ち返した。

このとき、ベンチからは三m前に出ろという指示があったが、一点勝負の場面で強い逆風が吹いている。飯田は「絶対、ホームで刺す」とさらに三歩、浅めの守備位置についていた。

鈴木のワンバウンドの打球を拾い、飯田は七〇m先のホームへ投げる。ボールはダイレクトでホームベースに届いた。クロスプレイになったが、判定はアウト。ヤクルトは危機を脱した。

選手自身が考えてプレイをする野村野球の面目躍如たるところがあるが、飯田が強肩なのはもともとのポジションがキャッチャーだったからだ。

飯田は一九八六年のドラフト会議四位指名で拓殖大学紅陵高校からヤクルトに入団。三年目の一九八九年に一軍にも昇格していた。ただ、同年オフに野村克也が監督に就任した頃、正捕手候補は秦真司や新人だった古田敦也など九人もいた。

そこで、飯田の強肩と俊足を買った野村監督は外野にコンバートするためにキャッチャーミットを没収、外野手用のグラブを渡したという。その後、チーム事情から二塁を守ることもあったが、一九九一年から一九九七年まで七年連続でゴールデングラブ賞を受賞する名外野手に成長した。

このシリーズ第二戦で二安打二打点、三回に逆転タイムリーを放った秦真司。秦も元キャッチャーだ。ロサンゼルスオリンピック日本代表として金メダルを獲得、野村監督が就任するまではヤクルトの正捕手だった。だが、強打、強肩、走力を買われて、一九九〇年からはバッティングに専念できるように外野手に転向させている。

野村監督の配置展開、選手育成コンバートは一方的なようにも思える。当事者だった選手たちから、不平不満は出なかったのだろうかと、誰もが疑問に思うだろう。

その秘密は、普段からとても綿密なミーティングを行っていたことにある。野村監督は「こういう選手はこうなったほうがいい」「こういう人はこうやったほうがいい」と具体的に語りかけ、野球の技術論だけではなく、社会人としての生き方や立ち位置も含めて、選手教育をしていたのだ。

だから、選手たちは「この人の言うことを聞いていたら、たぶんうまくいきそうだ」と思っていた。「この人の言うことだから、間違いない」「強くなれるのではないか」「成長できるのではないか」と思わせる説得力があった。戦力外やトレードで移籍してきた数々の選手の起用法を変えて再生させたことから「野村再生工場」とも呼ばれた。

小早川毅彦や山﨑武司、辻発彦、遠山奨志、野中徹博、吉井理人……選手の長所を見つけて起用法の変更やコンバートで選手本来の持つ才能を花開かせる。その方針は、野村監督の経歴、野球人生が深く関係している。

野村監督は昭和二九年、一九五四年にテスト生として契約金〇円で南海ホークスに入団。そこから球界一のキャッチャーへと這い上がった。野村監督は言う。

「自分もテスト生でプロに入ってきた。やはり、プロに入ってきた以上、何か素質を見抜かれているはずだ。そこを生かす手段はないかと選手を見ているんだ。捨てるのは簡単だけど、監督に一番、必要なものは選手の育成だからね。監督の大きな仕事には『見つける』『育てる』『生かす』という三つがあるけど、『育てる』には相当、眼を鍛えないといけない。こいつ、将来はどうなるのだろうと先を見据えながら、そのときの選手の状態をしっかり見て、育てていく。ただ古田みたいなのは特別だったから、簡単に育った。いや、育ったのではなく、出会ったんだ。いいキャッチャーに出会ったという。俺はそこらへんに、運の強さがあるんだ」

野村監督は『勝負ごとは準備がすべてだ』とよく言っていた。相手のどこが弱いのか、どういうときにどういうプレイをするのか、きちんと分析する。その質を高めれば、必ず勝てる。勝負するまでに、勝敗の七〇％は決まっているから、準備に力を入れろ、と。

## 絶対守護神、高津臣吾で日本一を決める

待望の追加点を手に入れたヤクルトは八回表、川崎が先頭バッターの七番、垣内に四球を与えたところで、守護神、高津臣吾にマウンドを任せた。

高津も川崎と同様、中四日での登板だ。切れのある決め球のシンカーを駆使して、八番、伊東勤と九番、田辺の代打、安部理を連続三振。ベテランの一番、辻発彦には一ボール二ストライクから、三遊間を抜けるレフト前ヒットを打たれて、二死一塁二塁。だが、七回からライトを守る次のバッター、二番、吉竹春樹をレフトフライに打ち取る。

九回表。先頭バッターは三番、石毛からとクリーンナップだった。

だが、決め球のシンカーを主体に内角を攻め続ける。

石毛を一ボール一ストライクからサードゴロに打ち取る。四番、清原は一ボール一ストライクからインコースいっぱいに入るシンカーで見逃しの三振。五番、鈴木健もフルカウントからファウル

で粘られたが、九球目、内角を攻めて、空振りの三振を奪った。

その瞬間、ヤクルトの一五年ぶり二度目の日本一が決まった。

野村克也監督が選手たちに胴上げされる。

監督として、初めての日本選手権獲得だった。

ついに、ヤクルトは雪辱を果たした。

第七戦で日本一を決めたヤクルトの選手たちは歓喜した。

池山隆寛、飯田哲也、高津臣吾、広澤克己……喜びの涙を流す選手も少なくなかった。

西武は一九八二年に広岡達朗が監督に就任して以来、黄金時代が続いていた。広岡時代は四年で三度のリーグ優勝、二度の日本一。森祇晶監督時代の一九八六年から一九八八年、一九九〇年から一九九二年、日本一の三連覇を二度、遂げている。

しかし、最強のチームを相手に、野村ヤクルトは秘策を胸にチーム一丸となって、ＩＤ野球を完成させて、執念でリベンジを現実のものにしたのだ。

胴上げの後、野村監督はお立ち台に登った。

だが、「最高です」と言ったきり、しばらく声が出なかった。

Best Game File 07

# 幻のスピードスター
# 一瞬の輝き

一九九三年六月九日

読売ジャイアンツ
×
ヤクルトスワローズ

全盛期わずか三か月、それでも強烈な輝きを放った投手がいた。ヤクルト、伊藤智仁。高速スライダーを武器に巨人から奪三振セ・リーグタイ記録を達成。だが、九回裏にサヨナラ本塁打を浴び、新記録と完封勝利を一瞬で打ち砕かれる。そして、伊藤は肘や肩を痛めて、二〇〇三年に引退した。その一瞬の輝きを解き明かす

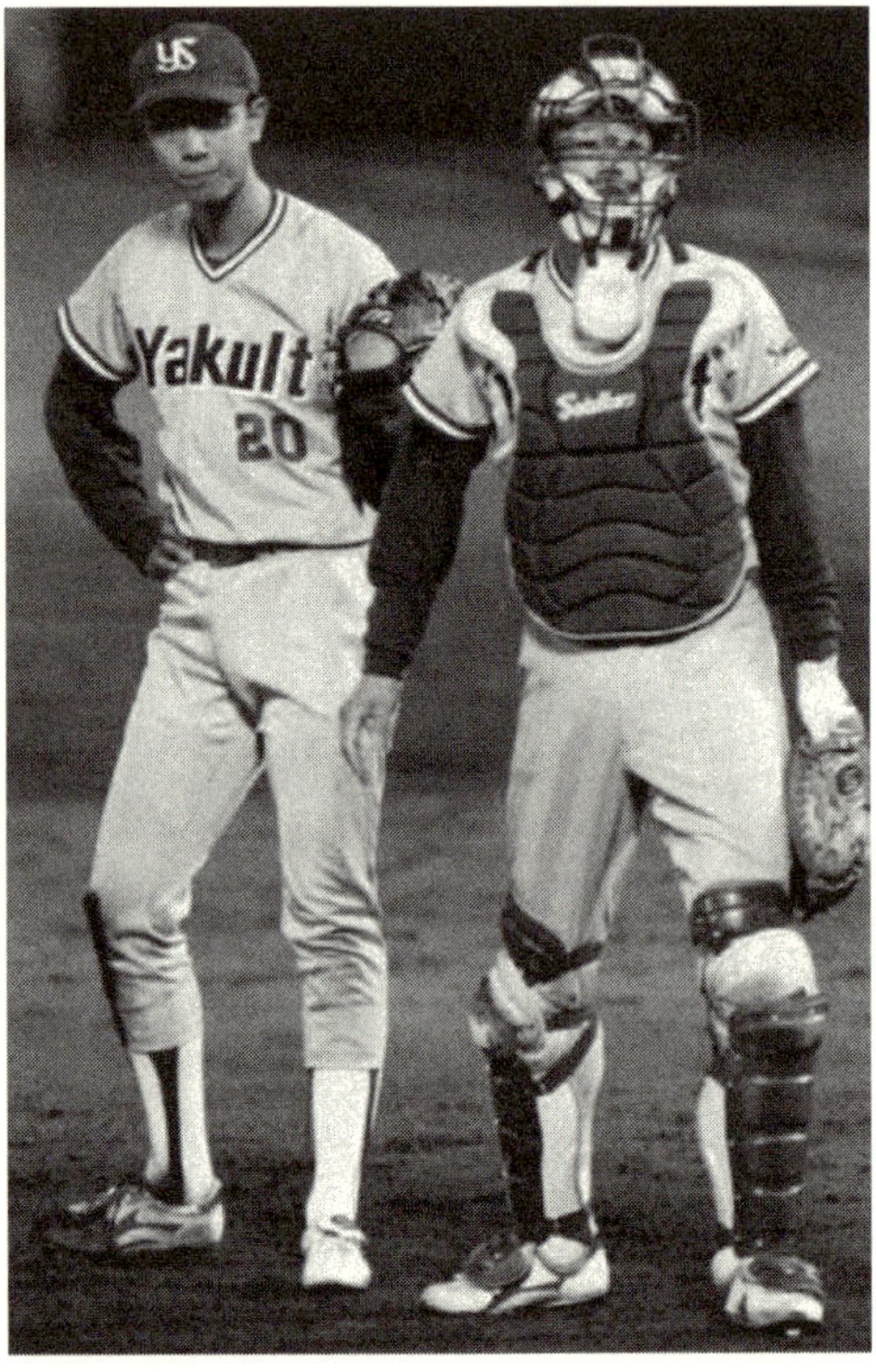


九回裏、二死無走者。塚和典にホームランを打たれた伊藤智仁投手と古田敦也捕手

一九九三年六月九日、石川県金沢市の石川県立野球場。読売ジャイアンツとの一一回戦で入団一年目のルーキー、ヤクルトスワローズの伊藤智仁が、大記録を打ち立てた。

セ・リーグ記録タイの一試合一六奪三振。金田正一、江夏豊、外木場義郎と並ぶ記録を巨人打線から奪ったのだ。金田は巨人時代の一九六七年六月七日の大洋ホエールズ戦、江夏は阪神時代、一九六八年八月八日の中日ドラゴンズ戦、広島の外木場は一九六八年九月一四日の大洋ホエールズ戦で記録を達成している。つまり、ほぼ四半世紀ぶりのことだった。

この日の一六奪三振のうち、実に一二個がスライダーで奪ったものだ。

幻のスピードスターが、眩い光を放った試合だった。

伊藤は社会人時代、一九九二年のバルセロナオリンピックに出場。日本の銅メダル獲得に大きく貢献、一大会二七奪三振（三試合）のギネス記録、オリンピック記録をつくっている。そして、その年のドラフト会議でヤクルト、広島、オリックスの三球団から一位指名を受け、抽選の結果、交渉権を獲得したヤクルトに入団する。一九九三年の開幕直後から、伊藤は期待通りの活躍を見せる。初登板は一九九三年四月二〇日。先発で七回を投げて、一〇奪三振二失点で勝利投手となる。

その後も破竹の快進撃で前半戦だけで七勝二敗をあげて、一〇九回の投球イニングを上回る奪三振一二六、防御率〇・九一と驚異的な数字を残した。

## タイ記録達成直後の悪夢

そして、一九九三年六月九日。

皇太子殿下、雅子妃ご成婚の日に、長嶋巨人との初対決を迎える。伊藤はこう言う。

「巨人戦で投げたいという気持ちは強かった。もともとジャイアンツファンで、原辰徳さんの大ファンだったので、初対戦のときは感動しました」

初回から、いきなり六者連続の奪三振ショーを見せた。

二回裏、大ファンの四番、原辰徳との初対戦でも、伊藤は三振を奪っている。

伊藤は四回までに巨人打線から一〇個の三振を奪った。

巨人の先発は左腕のルーキー、門奈哲寛。門奈も八回三分の二を無失点に抑える好投をしていた。

〇対〇で迎えた九回裏。一六個目の奪三振は捕手の八番、吉原孝介。二ボール二ストライクから四球目、真ん中低めの一二三km／hのスライダーで記録に並んだ。

そして、二死無走者。打席には巧打者、篠塚和典。この試合、九回表に守備固めで入って、初打席だ。篠塚から三振を獲れば、新記録の達成になる。また、篠塚を三振でなくとも抑えさえすれば、延長戦に入って、一試合奪三振新記録達成の可能性が大きく広がる。

だが、タイ記録達成の興奮も醒めやらぬなか、ここで伊藤、古田のバッテリーを悪夢が襲う。

この試合、伊藤のちょうど一五〇球目だった。

真ん中寄りの高めに入った一三八km／hのストレート。

篠塚には左へ流すイメージが強いが、狙いすましたように引っ張った打球は、ライトスタンドに向かって伸びていった。

右翼手の土橋勝征はフェンスにへばりつく。

タイミングを見計らって、ジャンプする。

しかし、打球は土橋のグラブにかすりもせずに、スタンドへ吸い込まれていった。

サヨナラホームラン。伊藤は一転、負け投手となった。

伊藤の奪三振新記録への夢を打ち砕き、奈落の底に突き落とす一撃となった。

篠塚、通算九二本目のホームラン。そして、それは最初で最後のサヨナラホームランだった。

伊藤は篠塚の策略にはまって、この日、一五〇球目にして初めて投げ急いでしまった。

伊藤はグラブをベンチに向かって、投げつけていた。伊藤は振り返る。

「せっかく九回までジャイアンツを相手に〇点で抑えていたのに、本当にこの一球だけで……。やってしまった、負けてしまった、と。すごい悔しかった」

悔しさを慮るように、投手コーチの河村保彦が伊藤のグラブを拾っていた。

## Batter's eye　古田の視点

試合は両翼が九一・五mの石川県立野球場で行われていた。両翼九〇mの後楽園球場、両翼九二mの平和台球場、両翼九一・五mの大阪球場という昭和の時代並みの狭隘な球場が悪夢を招く。

この年、巨人の松井秀喜のルーキーイヤーでもあった。そのため、石川県立野球場にも地元・星陵高校出身の松井の出場を期待するファンが数多く来場、注目度も高かった。

篠塚は伊藤が投げる直前、ある作戦を試みようと考えていた――ベテランならではは、ピッチャーとの巧妙な駆け引きの秘策を胸に秘めていたのだ。

伊藤が投げようとした瞬間、篠塚はタイムを取る。

さらに、もう一回、タイムを取った。篠塚は言う。

「テンポよく投げていたから、はやく投げたいと思っているのだろうと思った。それで、ちょっと二回、打席を外してみたんです」

この作戦は、伊藤の心理に予想以上の影響を与えた。

このとき、自分はスライダーではなく、ストレートを外角低めに要求した。

伊藤のスライダーのキレが落ちていた。最後は、得意のスライダーで打ち取る。その算段を立て、初球はボールになってもいい。そう考えたのだ。

また、ある程度、アウトサイドにいけば、ライトに打たれるというイメージはなかった。

伊藤もアベレージヒッターの篠塚に「あまりホームランは警戒してなかった」という。

篠塚は初球、スライダーがくると読んでいたと語る。

「初球はスライダーを見たかった。スライダーがきたら、たぶん打ってないです」

伊藤のストレートは構えた低めではなく、高めに浮いた。

ベテランの駆け引きが、伊藤の失投を誘った。篠塚は言う。

「スライダーを頭に入れながら、抜けた真っ直ぐでも、身体が自然に反応した。素直なバッティングができたという感じはしました」

篠塚が打席を外したのは、ピッチャーとの駆け引きのためだった。

だが、バッテリーは違うものを感じていた。キャッチャーとしては、篠塚が勝負のタイミングを嫌っている。だから、いけると思ったのだ。

そこに、バッテリーの慢心があったのだと思う。また、バッテリーに慢心の気持ちを抱かせたのも、篠塚の駆け引きだったのかもしれない。伊藤は言う。

「間違いないですね。ほんまに、あの慢心は何やったんか……。自分に驕っていたんですけど、その二秒後、地獄に落ちていました」

このときの伊藤に続いて、中日の今中慎二が一九九三年七月六日のヤクルト戦、ヤクルトの山田勉が一九九三年九月一〇日の広島戦、巨人の桑田真澄が一九九四年八月一三日の阪神戦、中日の野口茂樹が二〇〇一年五月二四日の阪神戦で一試合一六奪三振のセ・リーグタイ記録を達成している。だが、記録を持つ八人のうち敗戦投手になったのは伊藤だけだ。

しかも、サヨナラホームランを打たれての敗戦というドラマティックな結末だった。奪三振記録を達成しながら、サヨナラホームランで敗戦するピッチャーは、今後、おそらく二度と現れないだろう。

あの後、野村監督にこう怒られた。

「あの場面、打者の立場に立てば、試合の勝ち負けよりも、篠塚は記録となる三振を取られるほうが、嫌なんだ」

バッターは野村監督の言うように考えたら、どうするのかといえば、はやめに打ちにいく。追い込まれたほうが三振をする可能性が高いのに、「なぜ、ストレート、ストライクのサインを出したのか」「お前が、そんなことわからないから、チームは負けるんだよ」と責められた。

このときは野村監督との九年間でどやしつけられたなかでも、上位五本の指に入るものだろう。

## Catcher's eye 古田の視点

伊藤の武器は、一五〇km／h台のストレートと球速がさほど変わらず、ほぼ真横に滑るような高速スライダーだ。それはバッターの手元で大きく曲がる〝魔球〟だった。ストレート並みの速さとその軌道が、打者を手玉に取った。対戦した巨人の吉村禎章はこう言っている。

「ストレートとスライダーの見分けがつかなかった。スライダーはストレートと変わらない速さ、軌道できて、バッターに近いところで急に曲がる」

実際、球速が一三〇km／h台であれだけ曲がるスライダーを投げられるピッチャーはなかなかいない。当時、スライダーを決め球にしていたピッチャーもほとんど一二〇km／h台だった。

それに、伊藤は腕が長いこともあって、腕のしなりというか、手が遅れてくる独特な感じで投げていた。だから、自分自身、バッターだったら打てないという感覚があった。このスライダーに対して、巨人の三番バッター、吉村はプライドをかなぐり捨てて、立ち向かったと語る。

「普段よりもバットをすごく短く持ったんです。それだけキレがよかった」

だが、それでもバットに当たらなかった。

理由は伊藤のスライダーの軌道、ボールの変化にあった。

一般的なスライダーはマウンドとホームベースの中間辺りから曲がり始めて、ストライクゾーンをかすめる。ところが、伊藤のスライダーはストレートとほぼ同じ軌道を辿り、ホームベースの直前から鋭く曲がって、ストライクとなる。

この軌道が、バッターを翻弄したのだ。左バッターの吉村だったら、外角のストレートと思っていたボールが内角に食い込んでくるのだから、打てない。

他のピッチャーのスライダーとは、握りや投げ方にも違いがあった。伊藤は語る。

「僕のスライダーの握りは中指と人差し指を縫い目にかけます」

一般的なスライダーはフォーシームで、中指と人差し指を揃えて中指を縫い目にかける。ところが、伊藤はツーシームで中指と人差し指を縫い目にかけることで大きなスピンをかけるのだ。

さらに、投げ方にも特徴があった。伊藤は続ける。

「手首を捻るというのではなく、手のひらの小指の側面をキャッチャーに向けてボールを切る感じで投げていました。ボールの縫い目を指先で弾くというイメージです」

ボールの強烈なスピンが他のピッチャーのスライダーにはない、ボールの独特な軌道を生んでいたのだ。普通、スライダーは右ピッチャーの場合、右方向から左方向に曲げる変化球なので、ボールを切るように手首を捻る。捻ることによって強い回転を与えて横に曲げるのだ。すると、山なりのボールになりがちで、落ちるところで曲がっていくため、バッターにとってはわかりやすい変化になる。そのため、ストレートの縦方向の軌道に近づけるためには、あまり捻らず、強い回転をかけることが必要だ。

そこで、伊藤は捻るのではなく、逆方向に手を持っていくことで、指先で回転をかけていた。だからこそ、ストレートに近い、曲がるスライダーが投げられたのだ。

また、伊藤の場合、他のピッチャーよりも腕が少し長く、肩の関節がやわらかかった。そのため、腕がしなって遅れてくるので、ボールをぎりぎりまで持つことができた――伊藤の高速スライダーは握り方やフォームを含めて、さまざまな要素が組み合わさって可能になったものだった。


伊藤のピッチングが卓越していたのは、決め球にスライダーがあったからだけではない。もうひとつ、重要なポイントは打者との駆け引きに優れていたことだ。

バッターとの駆け引きでも巨人打線を翻弄していたのだ。

伊藤はキャッチャーの返球を受けてから、次の投球に入るまでのテンポが速い。普通のピッチャーは一〇秒前後かかるが、伊藤は平均約六秒だった。篠塚は語る。

「テンポがいいピッチャーのことを、バッターは嫌なんです。それは、絶対にある。伊藤もキャッチャーから返球を受けると、すぐにぱっと構えていました」

その理由を伊藤は「バッターに考えさせる時間を与えさせたくなかった」からだと語る。そして……手前味噌なようで、恥ずかしいのだが、伊藤はこう言ってくれている。

「キャッチャーが古田さんだからできたと思う。古田さんはサインを出すのがはやいというか、僕のペースに合わせてくれていたんです。古田さんが時間をかけて次の配球を考えてしまうと、その間、バッターに考える時間を与えてしまいますからね。ですけど、古田さんは躊躇せずにサインを出してくれていたので、僕は逆にそのリズムに合わせることができた」

伊藤は返球から投球まで六秒かけていたが、バッターとの間合いを待つこともあったので、実質的には四秒くらいで投げたかったのかもしれない。

バッターとしては、バットを構えるまでに二回くらい足場をならしたいとか、イチローのようにピッチャーに向けてバットを出したいとか、自分のペースを守りたい。

それを急かされると、自分のペースが乱れてしまう。

伊藤はマウンドでのパフォーマンスも派手だった。ピッチングフォーム自体、腕を思いっきり振って、しならせて、全力で投球する。それに、大きくガッツポーズをしたり、逆にひどく落胆したり、感情をむき出しにして相手に向かっていった。それは、もともとの性格だったのかもしれない。

その結果として、伊藤の相手に向かっていく、ひたすらな気持ちが高速スライダーと打者との駆け引きを生み出し、結果としてこの奪三振記録が誕生したのだ。

## 名勝負から一か月後の悲劇

篠塚にサヨナラホームランを打たれてから約一か月後。伊藤を悲劇が襲った。

一九九三年七月四日、神宮球場。対戦相手は、同じ巨人だった。

伊藤は一一奪三振、三安打、完封でリベンジを果たした。

しかし、九回表。古田は伊藤の異変に気づいた。伊藤は八回までに一一六球を投げていた。

先頭バッターの緒方耕一はフルカウントの後、九球目をピッチャーゴロ。続く、川相昌弘は一ボールの後、セーフティーバントの構えで見逃して、一ボール一ストライク。三球目をバントしたが、キャッチャーフライに倒れた。二死無走者。ここで、因縁の篠塚和典を打席に迎えた。

この日、伊藤は篠塚を二塁ゴロ、二塁ゴロ、三振と完璧に抑えている。

一球目、外角低めにボール。二球目はすっぽ抜けて、真ん中高めに外れた。

異変が起こったのはこのときだ。

伊藤の様子がおかしかったのだ。そこで、マウンドに駆け寄って、マウンドを降りることを勧めた。

九回二死で残り一人の場面。しかも、バッターは篠塚だった。伊藤は言う。

「『あと一人なので、何とか投げさせてください』と古田さんに言いました」

篠塚にはフルカウントの後、フォアボールを出す。次の原辰徳は一球目、レフトへの大飛球を打たれるがファウル。三球目、サードへのファウルフライで三アウト。

そして、この試合は奇しくも九回裏にジャック・ハウエルがサヨナラホームランを放って、伊藤は完封勝利を遂げたのだが……。

一九九三年の伊藤の登板はこの試合で最後になった。

診断は右肘の内側靭帯損傷。もともと伊藤は肩の関節がゆるいルーズ・ショルダーだったのだが、登板過多で肘に大きな負担がかかり、右肘を故障してしまったのだ。

もしかしたら、篠塚への二球目、ボールがすっぽ抜けたところで降板させておけば、重症に至らなかったかもしれない。あのとき、コーチではなかったから、強く言えなかった。いまも悔いが残っているが、伊藤も同じような思いがあると語っている。

「古田さんの言うことを聞いて、降板しておけばよかったですね」

### *Leader's eye* 古田の視点

一九九三年、実働は短かったが、セ・リーグ高卒ルーキー新記録の一一本塁打を放った松井秀喜らを退けて、伊藤は新人王に輝いた。故障するまでの約三か月間、一四試合に登板したが、球数も多く、八試合目から一四試合目までの七試合は平均して一四六球を投げている。延長一三回を完投した試合もあった。

一時、復活を果たしたものの、さらに肩を故障。手術を繰り返さざるをえなかった。

その裏には、現在とは違う投手起用の常識があった。

ヤクルト一軍投手コーチを務めていた安田猛は当時の常識は現在と違っていたと語る。

「昔は先発したら完投が当たり前。リリーフはある意味、敗戦処理しかいなかった。試合数とかイニングとか考えたら、当時の常識ではそれほどの酷使というほどではなかったんです。でも、中六日が当たり前のいまから考えると、無理があったのかもしれません」

メジャーリーグでは先発ピッチャーに一〇〇球程度という球数制限があるが、二〇一四年、一年目のニューヨークヤンキース、田中将大が中五日というローテーションで肩を故障した。続けて、ダルビッシュ有も右肩を故障。二人は日本で中六日のローテーションで投げても故障しなかったが、それほどピッチャーの肩はデリケートなものなのだ。伊藤は言う。

「あの時代は、先発すれば完投しなさい、勝ちたければ完投しなさいという時代だった。いまのように、中六日ではなく、中四日、中五日っていうのが普通の世界でしたからね」

野村監督はいまも伊藤に無理をさせ過ぎたと悔やんでいる。

「私がもっと慎重に使っていれば、伊藤の投手としての寿命は延びたかもしれない」

伊藤は二〇〇三年まで現役を続けたが、かつての眩い輝きを放てなかった。

## 一線復帰への懸命なリハビリ

一九九四年、一九九五年は肘痛とルーズ・ショルダーのため、一軍登板はなかった。

一九九六年の後半戦から一軍に復帰。一四試合に登板して、一勝二敗三セーブ。一九九七年は抑えに起用されて、七勝二敗一九セーブの成績を残し、カムバック賞を受賞した。ストレートは一五三km／hの自己最速をマークしたのだが、故障の不安がつきまとった。

一九九八年は先発投手として、再度開幕から起用されて、六勝一一敗と負け越すが、投球回数一五八・二回で初めて規定投球回数をクリアした。一九九九年、二〇〇〇年は自己最多の八勝を二年連続であげるが、指先に血が通わなくなり握力がなくなる右肩血行障害に悩む。そして、二〇〇〇年オフには二度目の右肩の手術を受けている。

ところが、二〇〇一年には肘痛、肩痛が再発して、登板は先発一試合、四回のみだった。

そして、オフには肩に三度目のメスを入れる。

先の見えないリハビリの毎日。伊藤を支えたのは、同じく肩を痛めた元エース、岡林洋一だった。岡林は二〇〇一年からヤクルト二軍投手コーチを務めていた。岡林は言う。

「我慢強い男なので、弱音を吐かない。一年でも長いですけど、何とかなるかもしれないと頑張れる。だけど、あれほどの長期間、リハビリを続けるのは並大抵の覚悟ではできない。メンタルな部分で、モチベーションを維持することはすごいことです」

あの試合から、九年後。二〇〇二年一〇月二四日、埼玉県戸田市のヤクルト戸田球場。秋季コスモスリーグ（教育リーグ）近鉄戦、伊藤は六回から二番手投手として登板した。実戦での投球は二〇〇一年四月の阪神戦以来、一年六か月ぶりだった。

先頭バッターは二ボール二ストライクから一三六km／hのストレートで見逃し三振に打ち取る。しかし、次のバッターへの初球、右肩に激痛が走り、ボールがすっぽ抜けた。

右肩関節の亜脱臼。自ら降板して、復活をかけたマウンドは九球で登板が終わった。

一一月、球団から戦力外通告を受けて、ヤクルト本社職員への転身を打診された。だが、そのことを報道で知った何人ものチームメイトから電話が入ったという。「俺たちも動くから、もう少し頑張れ」と。伊藤は現役続行を志願した。

球団はその情熱に押され、球団は一年契約を延長する。しかし、年俸は八〇〇〇万円から史上最大の八八％減となった。伊藤は言う。

「何とかもう一回、一軍のマウンドに立つんだという。クビのこと考えると、給料なんて、どうでもよかったんです。とにかく契約してもらえることがありがたかった。それで、もう一年、リハビりをやらせてもらえることになったんですけど……」

しかし、半年が過ぎても肩の調子は、一向に上向かなかった。伊藤は振り返る。

「ちょっと厳しかったですね。自分でもなかなか調子が上がってこないので、夏くらいには厳しいなって自覚はしていました」

## 全盛期とはほど遠いボール

契約が切れるまで、残り一か月。伊藤は再びテストに臨んだ。

二〇〇三年一〇月二五日、一年前と同じヤクルト戸田球場。二軍戦にもかかわらず、伊藤が登板することを知って、多くのファンが集まった。

秋季コスモスリーグ巨人戦に三番手として登板、サードゴロで一アウトを取ったが、一七球を投じて、二つの四球を与える。

二軍投手コーチになっていた岡林は、伊藤に歩み寄った。岡林は言う。

「『もうええやろ』って言ったんだと思います。多分、自分が言わなかったら、まだ投げようとしたと思います。ズタボロではないけど、本当にこれでもかというくらいやった。伊藤は『わかりました。ありがとうございます』と言ってくれた」

全盛期とはほど遠いボール。だけど、それが伊藤にできるすべてだった。

もちろん、伊藤も自分には満足に投球できないことはわかっていたが、自分のためにファンが集まってくれていた。事前に登板の試合日程は決まっていたので、自身もその日に向けて、最後の勇姿を見せるためにトレーニングを積んできた。

ファンの期待があったからこそ、リハビリ、トレーニングにも集中できた。

だが、思い描いたような投球はもはやできなかった。伊藤は言う。

「あれが当時、精いっぱいのボールでした。それ以上でも、それ以下でもなく、ありのままの自分がこれですよ、という」

一五〇km/h台を誇ったストレートは最高で一〇九km/hしか出なかった。

かつての高速スライダーを投げることはなかった。

一〇月二九日、伊藤は球団の引退勧告を受けて、現役引退を表明する。

この日を最後に、マウンドに別れを告げた。引退後はヤクルトの二軍投手コーチを経て、現在は一軍投手コーチ。次のエースを育てようとしている。

全盛期はわずか三か月だった。

しかし、その眩いばかりの輝きは人々の心にいまも強く刻み込まれている。

Best Game File 08

# 赤ヘル軍団 炎の絆

一九九一年一〇月一三日

阪神タイガース×広島東洋カープ

一九九一年、ミスター赤ヘル、山本浩二監督率いる広島。大砲はいなくても、豊富な資金力を誇る球団を次々と撃破。一〇月一三日、阪神からもぎ取った一点を守り抜いて優勝に輝く。お家芸の機動力と佐々岡真司、大野豊の必勝リレーで猛虎を翻弄――選手たちを支えたのは、この年、病魔に倒れた炎のストッパー、津田恒実への思いだった

リーグ優勝を決めて、選手、コーチたちに胴上げされる山本浩二監督

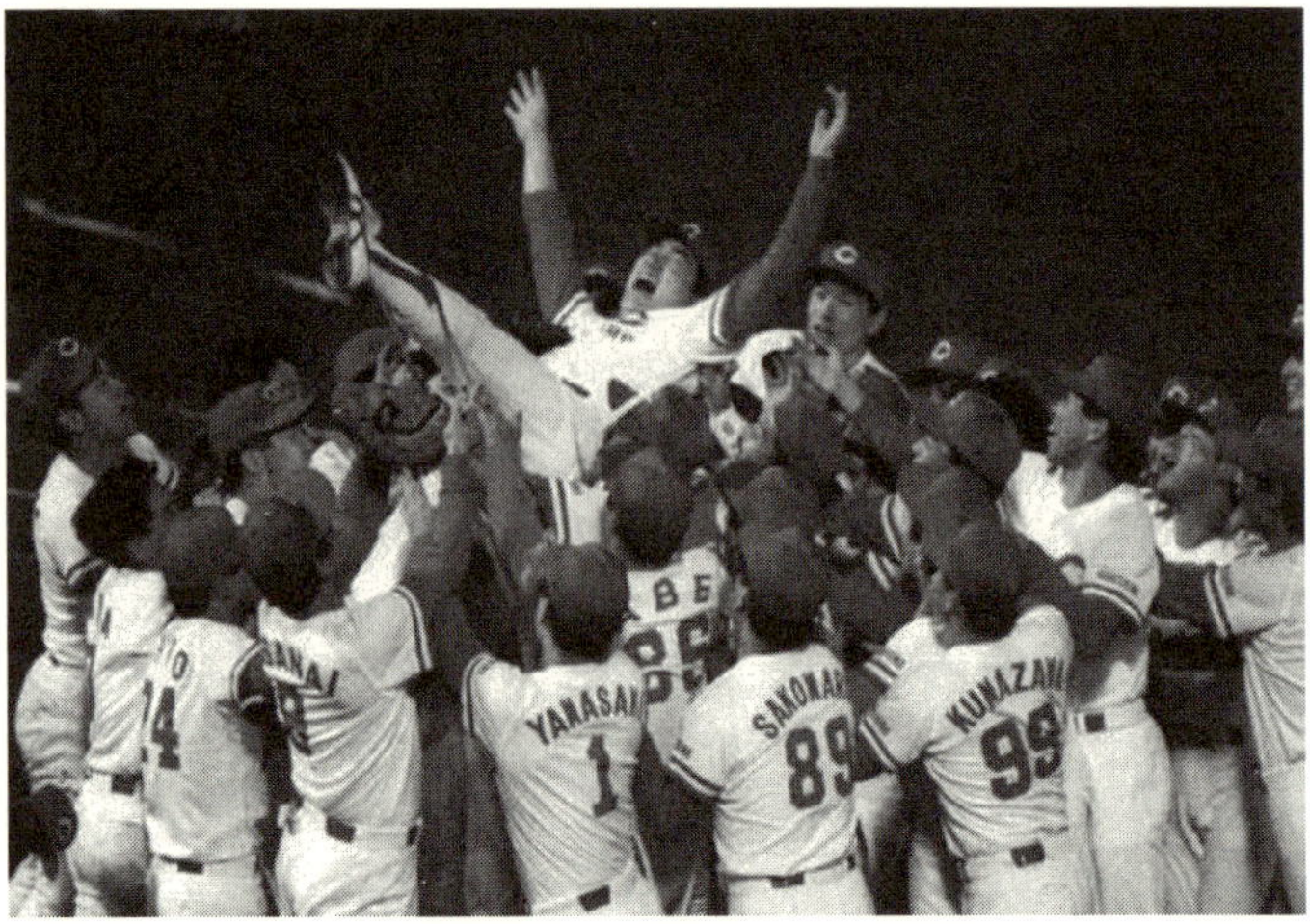

二〇一三年、二〇一四年とペナントレース三位で、クライマックスシリーズを盛り上げた広島東洋カープ。久しぶりの躍進に地元・広島以外でも若い女性ファンが急増、「カープ女子」は二〇一四新語流行語トップテンにも選ばれた——広島が最後に優勝を決めたのは、一九九一年一〇月一三日。ほぼ四半世紀前の広島市民球場、ダブルヘッダーの第二試合だった。

この日、ミスター赤ヘル、山本浩二監督率いる広島は最大七・五ゲーム差をひっくり返して、奇跡の優勝に王手をかけていた。

山本が掲げていたのは「全員野球」だった。

当時の広島の強さの秘密は、足を使って少ないチャンスをものにする機動力野球にあった。攻撃的な走塁で、強いチームを次々と打ち破ってきた。

## 広島の強さの秘密、機動力野球

一九九一年一〇月一〇日、広島はナゴヤ球場での中日戦に六対三で勝利して、中日に対するマジックを二とした。翌一一日の中日とのダブルヘッダーで一勝あげれば、セ・リーグ優勝が決まる。

しかし、一〇月一一日は雨のために中止。そして、翌一二日、広島球場での阪神戦、四対〇で勝って、いよいよマジックは一となる。

一〇月一三日、広島市民球場での阪神とのダブルヘッダー。第一戦はナイトゲームの翌日のデイゲームだったが、ナインには疲れは見えない。

地元での最終戦で一勝すれば、優勝が決まる。

どうしても、ここで優勝を決めたいところだ……。

第一戦から、広島市民球場は満員になった。

ところが、四回に両チーム二点ずつ取りあったまま、試合は延長戦に突入。一〇回表に真弓明信がセンター前にタイムリーヒットを放ち、三対二で阪神が勝った。

そして、第二戦。阪神の先発は野田浩司、広島は佐々岡真司。両エースの投げ合いになった。

一回表。佐々岡は一番、中野佐資を見逃し三振、二番、平田勝男を空振り三振、三番、和田豊をサードゴロと三者凡退に打ち取った。

一回裏。広島の一番バッター、正田耕三はフルカウントからセンター前ヒット。二番、前田智徳は三塁線への送りバントで一死二塁となった。三番、野村謙二郎はワイルドピッチの間に振り逃げ。空振りすると同時に、キャッチャーがボールを取り損ねたことを確認、すかさず走り出して、執念のヘッドスライディングで出塁した。

正田も三塁に進み、一死一塁三塁のスコアリングポジションとなった。

相手の〝隙〟をつく抜け目のない走塁でチャンスをつかんだ。

そして、四番、西田真二がライトへのタイムリーヒットを放つ。

抜け目のない走塁で効率よく攻めて、先制点を奪った。

## 機動力野球の真骨頂

その後、試合は両エースが踏ん張って、動かなかった。

広島の強さの秘密、機動力野球の真骨頂は、得点をあげられなかったものの、六回裏の攻撃にもあった。先頭バッターは三番、野村。一塁、二塁間を破るライト前ヒットで、一死一塁。

次のバッターは四番、西田。入団三年目ながら二年連続盗塁王の野村はすかさず走り、無死二塁とする。西田は空振り三振に倒れたが、五番、小早川毅彦のレフトフライでタッチアップ。野村は三塁を陥れて、二死三塁とした。野村は語る。

「次の一点がほしかった。それは当然のことなんですけれど、自分にアドレナリンがすごく出ていたんじゃないかと思うんです」

サードに近いレフトへの打球だったため、外野手はここで走られるとは思ってもいなかった。

そういう〝隙〟をつくことこそが広島のお家芸、機動力野球だ。

このことが、阪神に大きなプレッシャーを与えていた。対戦した和田豊は言う。

「とにかく、〝隙〟があれば次の塁を狙うのが、広島のチームカラーでしたからね。ピリピリしながら守っていたイメージがあります」

その後、六番、ロデリック・アレンがフォアボールを選んで、二死一塁三塁となった。

ここで、山本監督が驚きのサインを出す。

アレンが二塁に向けて走り始める。そして、三塁ランナーの野村もホームへ突入したのだ。意表を突く、とっておきのスペシャルプレイだ。

タッチアウトになったものの、間一髪のタイミングだった。

山本のサインはまず、一塁ランナーがわざと飛び出して、ピッチャーの気を引く。

そして、ピッチャーが気づいて完全に振り向いたとき、三塁ランナーがスタートを切る。

まさに広島、機動力野球の真骨頂だったのだ。達川光男はこう振り返る。

「本当にすごい状況判断だよ。少しでも送球が逸れていたらセーフだったからね」

## Batter's eye　古田の視点

広島のお家芸、機動力野球。それは苦肉の策として編み出されたものだった。

広島東洋カープは一九五〇年、特定の親会社を持たない市民球団として誕生した。一九六八年から東洋工業（現・マツダ）が筆頭株主になったが、台所事情はそれほど変わらない。そのため、スター選手を補強する資金的な余裕はなかったのだ。

そして、一九七五年に古葉竹識が監督に就任する。「走り勝つ野球」を掲げて、高橋慶彦や衣笠祥雄など俊足の選手が走り、主砲の山本浩二が返すというスタイルを確立。一九七五年にリーグ初優勝、一九七九年に初の日本一、一九八〇年に日本一連覇と黄金時代を築いた。山本は言う。

「〝隙〟あらば……というのが、カープの伝統なんです。バッティングやピッチングと違って、足にはスランプがないですからね。でも、実際のゲームのなかで足を使った攻撃は、足があれば誰でもできるわけではない。チャンスをうまくつくり、生かしていかなければなりません」

機動力野球を実践するには、厳しい練習が欠かせない。一九八九年に山本浩二が監督に就いてからは、ランニングや走塁練習が二時間半も続いたという。達川は語る。

「胃から汗が出るくらいやった。もう本当に汗が出るところがないというくらい、走った。それで、どちらかというと、論より証拠、習うより慣れろ、身体で覚えるという。とにかく、やれ、というのが広島の伝統でもあったからね」

リーグ優勝した一九九一年。広島はホームランバッターを揃えたチームにも、走塁を駆使した機動力野球で競り勝っていった。このシーズン、広島が一点差で競り勝った試合は二四試合にも及ぶ。

ペナントレースは七四勝五六敗二分け。一点差のゲームは勝利数の三分の一にも及んだ。

チーム防御率は三・二三だったが、ホームランはわずか八八本、チーム打率は二割五分四厘。個人成績を見ても、投手陣は佐々岡真司がシーズンMVP・最多勝・最優秀防御率・沢村賞・ベストナイン、川口和久が最多奪三振、北別府学が最高勝率、大野豊が最優秀救援投手のタイトルを獲得したが、打撃陣は野村謙二郎が盗塁王・ベストナイン、山崎隆造がベストナインを獲っただけだった。

一発に頼らず、走塁で少ないチャンスを生かしていたのだ。大野豊は言う。

「真に戦える力をつくっていく。足腰、下半身を中心に鍛えてね。そのなかで、負けないチームをつくっていこうという方針があった。ホームランで一点、二点を簡単に取れるようなチームなら別ですが、一点を取ることは本当にむずかしい。でも、そのむずかしさを乗り越えた点の取り方をすると、相手チームに与えるプレッシャー、ダメージが大きいと思う。ですから、あえて、そういう野球をやっていこうという気持ちがあったと思います」

優勝を決めた試合も、結果として、一回裏の走塁による先取点が決勝点となった。

普通だったら、一発が怖いという野球をやる。しかし、広島とやるときだけは、とにかく走られて点を取られないことを考えた。走塁で点を取られると、とにかくダメージが大きい。たいして打たれていないのに、知らない間に点を取られて、そのままずるずると試合に負けると、精神的にきつい。だから、広島戦では走られないことばかりを考えることになる。

広島の野村謙二郎は一塁にいると、リードをしながらキャッチャーのサインを見ていた。もちろん、露骨には見ていないのだが、ピッチャーを見ているふりをして、キャッチャーのサインを覗いている。

ちなみに、牽制のサインは普段はめったに出さないので、通常の指の動きとは違う。普通、指を親指から一、二、三、四と折っていって、それぞれストレート、カーブ、スライダー、シュートのサインにしたりする。牽制は逆に小指を折って、サインにしていた。

あるとき、そのサインを見て、牽制がこないと判断したら、盗塁のスタートを切っていたのがわかった。ときには『こっち見てるやろう』と自分もアピールしていたりもしたが、広島との試合では本当に一分の〝隙〟もつくれなかったのだ。また、野村謙二郎は二〇一四年まで広島の監督をやっていたから、そういう野球がいまでも引き継がれていると思う。

## Leader's eye　古田の視点

優勝をかけたこの試合、阪神に得点を与えないという気持ちを、広島は一丸となって持っていた。そして、何より、このシーズン、山本浩二監督は、津田恒実への思いを胸にチームを引っ張ってきた。「炎のストッパー」と呼ばれた津田恒実。一五〇㎞／h超のストレートは一九八六年、巨人の原辰徳がファウルを打ったとき、左手小指を骨折するほどの球威を誇った。

津田はどんな相手にも直球勝負を挑む、チームを牽引するタイプの選手だった。山本は言う。

「津田が出てくれれば、これでもうゲームは終わるんだという気持ちをみんな、持っていました」

一九八九年に一二勝五敗二八セーブ、防御率一・六三という生涯最高の成績を残すが、一九九〇年は故障のため登板は四試合。一九九一年も体調不良を抱えたまま開幕を迎え、四月一四日の広島市民球場での巨人戦に登板するが大乱調、九球で降板した。

試合後、大学病院に入院、精密検査の結果、悪性の脳腫瘍だとわかり、戦線を離脱する。

一九九一年春、山本監督は津田を中心にした優勝への秘策を立てていた。

津田に加えて、大野豊も抑えに起用しようというものだ。一試合に左の大野、右の津田と抑えの切り札二枚を投入する「ダブルストッパー構想」だ。山本は振り返る。

「この二人だったら、後半の七回以降を確実に任せられる。ですから、それはチームとしては非常に大きな戦力になると考えたんです」

ところが、シーズン開始直後の四月中旬。津田が病魔で戦線を離脱した。

悪性の脳腫瘍、摘出は不可能という診断結果は、チームに伏せられていた。

しかし、津田の戦線離脱自体、チームに大きな影響を与えていた。

ダブルストッパー構想が崩れ、大野豊は一人で抑えを務めたが、肩の痛みに悩まされるようになった。そして、若い選手中心の広島打線から、快音が消えた。

七月には首位の中日と七・五ゲーム差の四位まで順位が落ちた。山本は振り返る。

「どんなにいい選手がいても、チームがひとつに、気持ちがひとつにならないと優勝はできない」


シーズン最大のピンチに、チームをひとつにまとめたのは、山本の一言だった。

山本は津田の見舞いによく訪れていた。そのたびに、病と闘いながら「優勝してほしい」と語る津田の言葉が胸に刺さった。連敗が続いていた夏のある日、遠征先のホテルで選手たちを集めて、津田の病状を明かして、彼のチームへの思いを伝えた。山本は言う。

「津田が脳腫瘍だったことを伝えた。それで、津田のために頑張ろう、津田のために頑張って優勝しようって檄を飛ばしたんです」

選手たちは水を打ったように静まり返った。大野が語る。

「やっぱり、ショックだった。それに、この先、どうなるのかなという。ただ、我々が頑張ってる姿を見せて、彼が少しでも元気になってほしいという気持ちにもなりました」

野村も胸を熱くしたと言う。

「絶対に勝つんだ、と。絶対、優勝するんだ、と。そういう気持ちをあの一年、ずっと持ち続けて、戦っていましたね」

津田のために優勝しよう——赤ヘル軍団はひとつになった。

大野は肩の痛み止め薬を飲んで、マウンドに上がった。大野は言う。

「肩が痛いからとか言っとられない。少々のことで弱音は吐けない。津田は投げたくても投げられないのに、自分は投げられるんじゃないかという。そんな思いで過ごした一年でした」

津田の最後の登板となった四月一四日の巨人戦。津田からマウンドを譲り受けたのは大野だった。大野はこの年三六歳。前の年に先発から抑えに転向して、六勝一一敗三セーブ。全盛期の勢いはなかったが、思いもよらぬ津田の戦線離脱でチームの命運を握ることになった。

ダブルストッパー構想が崩れたが、大野は奮闘していた。

四月一八日にの阪神戦で初セーブをあげると、快投を続けて、六月六日の横浜戦で日本タイ記録の一〇試合連続セーブ、六月八日のヤクルト戦で一一試合連続セーブの日本新記録を達成する。記録は七月九日の巨人戦まで一四連続試合と延ばし、その間、一七回連続無失点、一三回連続無安打、防御率〇・〇〇。奇跡的なピッチングをしていた。

チームのムードメーカー、達川光男は若い野手たちを鼓舞した。野村は言う。

「達川さんは試合に負けたりすると、『下を向いとっても、恒は喜ばんぞ』と。あちこちに声をかけていた。思い出しますね」

## 大野豊、日本一への魂の投球

そして、九月。広島は一〇日に中日を抜いて首位に返り咲き、二一日にマジック一四を点灯させて、徐々にマジックを減らしていった。

一九九一年一〇月一三日、リーグ優勝をかけた阪神とのダブルヘッダー第二戦。

一対〇と広島リードで迎えた八回表。中三日で起用された佐々岡真司は阪神打線につかまりかけていた。先頭バッターの一番、中野に一塁へバント安打され、ノーアウトのランナーを許す。

次のバッターに二番、平田の代打でトーマス・オマリーが告げられた。

一点差で一死一塁、一発のあるオマリーの打席。山本はマウンドに出向いて、佐々岡を激励する。

しかし、捕手の達川と話した後、抑えの切り札、大野豊への交代を決めた。

大野のオマリーへの初球は、外角低めに逃げる絶妙なスライダー。空振りにした。

二球目は意表を突く内角のシュート。スライダーとは逆方向に変化させて、オマリーは見逃すが、判定はボールだった。三球目は内角低めへストレート。ファウルを打たせ、二ストライクと追い込んだ。達川は言う。

「全部、意図していたボールでした」

大野もその狙いを十二分に理解していた。

「スライダーの空振り。ストレートのファウル。達川も同じだったと思いますけれど、自分のなかで、勝負球はスライダーだと思った」

そして、四球目。一転して外角低めへのスライダーだった。

オマリーのバットは空を切った。オマリーは内角を意識して、腰が引けていた。

狙い通りの空振りの三振で一アウト。

ただ、依然、一死一塁。ピンチは続く。

次のバッターは安打製造機と呼ばれた三番、和田豊。和田は語る。

「我々のモチベーションとしては、何としてでも胴上げ阻止ということだった。それで、広島市民球場に乗り込んできましたからね」

一死一塁で迎えるバッターとして、和田はイヤなタイプだった。大野は言う。

「非常に粘り強いというか、打ち取りにくいバッターですからね。できれば、一球で二アウトを取りたい。内野ゴロを打たしたいという気持ちがあったんです」

ところが和田への四球目、大野は阪神に揺さぶりをかけられた。

大きく足を上げる大野のモーションにつけこんで、一塁ランナーの中野が盗塁をしかけようとしたのだ。このピンチを大野はとっさの機転で切り抜けた。

大野はバッターとランナーの両方を警戒しなければならない。

五球目、これまでと投げ方を変えた。素早い動作で投げたのだ。

クイックモーションだ。大野は言う。

「バッターのタイミングをずらそうと、クイックで投げたんです」

右膝を胸まで上げる大野の投げ方は、ボールを離すまでに時間がかかる。

一方、クイックモーションは膝をあまり上げず、小さい動作で投げるので時間がかからない。

大野はクイックモーションでランナーとバッターのタイミングを狂わせた。

大野の五球目、和田はピッチャー返しのバッティング。打球をショートが捕球して二塁ベースを踏んで、一塁へ送球する。一塁もアウト、ダブルプレイだった。和田は語る。

「クイックモーションな分、こちらが打ち急いで手首が返って、ショートゴロになってしまった。だから、向こうからしたら、完全に術中にはめたという。こちらからすると、完全にやられたなっていうことです。完全にバッテリーにやられた打席でした」

## Catcher's eye 古田の視点

八回表一死一塁、一発のあるオマリーの場面を振り返ってみよう。山本監督は佐々岡を続投させようと考えていたが、達川は交代を進言した。達川は限界を感じ取っていたと言う。

「これは行けるなと思っていたのに、次の回受けたら、あれ、危ないなあと感じる。ものすごく身体がしんどいので、いい回と悪い回が交互にくるんです。これはオマリーに一発を撃たれたら、いけんわと。監督はマウンドで続投と言っていたけど、私のほうに近づいてきて、『タツ、ほんとにササは大丈夫か？』と言うてた。だから、『いやあ、大丈夫じゃないと思います』って言った。そうしたら、『じゃあ、大野に代えるぞ』となった」

達川の一言で、大野はマウンドに上がることになった。

ところが、大野は佐々岡が投げ続けると思い込んでいたため、ブルペンで十分に投げ込んでいなかった。そのため、マウンドでのたった八球の投球練習で肩をつくることになった。投球練習の球を受けていた達川も一抹の不安を感じたと語る。

「最初はあんまりよくなくて、大丈夫かなと思った。真っ直ぐが走ってなかったからね」

広島は最大のピンチを迎えた。

ただ、ここでは達川の好リードが、大野を蘇らせた。

オマリーはチャンスに強く、変化球を得意とする強打者だ。

そんなオマリーに対して、達川はあえて変化球で打ち取る配球を組み立てた。達川は言う。

「スライダーがよかったんです。よう切れていた。急な登板で、かえって力が抜けてね。なので、スライダーが生命線になるような感じがしたんです」

## 笑顔と闘志を忘れないために

調子をつかんだ大野は九回、圧巻の投球を見せる。

四番、真弓明信、五番、金森栄治の代打、岡田彰布、六番、古屋英夫を三者連続空振り三振。

最後のバッター古屋を二ストライクと追い込んだとき、キャッチャーの達川の脳裏には津田恒実の顔が浮かんだ。達川は言う。

「津田と会話してた。最後、聞いたんです。『お前の大好きな外の真っ直ぐでええか?』と」

津田がこだわった直球勝負。津田の決め球が、大野に託された。

だが、大野の一四二km/hのストレートはわずかに外れて、判定はボール。達川は言う。

「大野がよう決めてくれなかったんです。で、津田に『津田。大野の真っ直ぐじゃ無理じゃけ、もうスライダーに変えさせてくれ』と。最後、スライダーに変えさせてもらった」

最後は大野の決め球、スライダーだったが、津田への思いを込めた。大野は語る。

「『津田、申し訳ないな』『お前のように真っ直ぐで三振を取れないから、スライダーに変えさせてくれ』と。ただ、本当に自分でも、渾身の一球でした」

古屋のバットが空を切り、ボールが達川のミットに収まった瞬間、広島の五年ぶり六回目のセ・リーグ制覇が決まった。大野は続ける。

「二二年間の現役生活でしたけど、目に見えない力を感じたのはあの年だけでしたね。やはり、津田という存在が自分を後押ししてくれたなという。本当に感謝しています」

赤ヘル軍団は仲間との固い絆で栄光をつかみ取った。

広島の投手たちが新・広島市民球場のマウンドに向かうとき、必ず目にするものがある。一塁側ブルペンとベンチをつなぐ通路の壁に掲げられた、小さなプレートだ。

そこには、こう記されている。

「直球勝負　津田恒美　(享年32歳)　1982～1991　笑顔と闘志を忘れないために」

Best Game File 09

# 悲劇のダブルヘッダー

一九八八年一〇月一九日

ロッテオリオンズ
×
近鉄バファローズ

一九八八年、シーズン最終日のロッテとのダブルヘッダー。近鉄は連勝すれば、逆転で優勝が決まる。二日前に登板したばかりのエース、阿波野秀幸は第一試合で終盤のピンチを切り抜けて勝利したのだが、第二試合も土壇場で登板の指令が下った。そして、運命の一球……。悲劇の名勝負と語り継がれているこの試合の知られざる攻防を探る

第二試合八回裏。高沢秀昭にホームランを打たれ、マウンドにうずくまる阿波野秀幸投手

一九八八年一〇月一九日、レギュラーシーズン最終日の川崎球場。

近鉄バファローズはロッテオリオンズとのダブルヘッダーに挑んだ。

近鉄は前年までリーグ三連覇していた西武ライオンズと、最後まで優勝争いを繰り広げていた。

九月中旬、首位、西武と二位、近鉄のゲーム差は六だった。

ところが、近鉄は勝ち続けて、徐々に西武に迫っていく。そして、一〇月四日に西武が負け、近鉄が勝ったため、二位だった近鉄に優勝へのマジック一四が点灯した。翌五日の試合も勝利を上げ、首位に立つ。だが、一〇月七日、八日の直接対決で西武が連勝、再び首位となる。近鉄と二ゲーム差をつけて、ペナントレースはシーソーゲームを繰り広げる。

一〇月一六日に西武が全日程を終了した段階で、西武は七三勝五一敗六分けで勝率〇・五八九、近鉄は七二勝五一敗三分けで勝率〇・五八六。

首位は僅差で西武だったのだが、四試合を残す二位の近鉄にマジック三が点いていた。

一〇月一七日、近鉄は阪急ブレーブス戦にエース、阿波野秀幸で挑む。この試合、阿波野は一二八球で完投したものの、惜敗。七二勝五二敗三分け、勝率〇・五八一となった。

一〇月一八日。残り三試合、近鉄は三勝しないと優勝できない絶体絶命のなか、川崎球場で行われたロッテ戦を一二対二で圧勝した。この日のダブルヘッダー。近鉄が二連勝すれば八年ぶりのパ・リーグ制覇、一戦でも敗れるか引き分けるかで西武の優勝が決まる大勝負になった。

## Leader's eye 古田の視点

一九八八年、近鉄の仰木彬はこの年、監督就任一年目だった。

前年、近鉄は阿波野秀幸が新人王、新井宏昌が首位打者のタイトルを獲得したものの、最下位に低迷していた。そして、それまで四年間、指揮していた岡本伊三美が監督を辞任、ヘッドコーチだった仰木が内部昇格で監督に就任する。

その後、〝仰木マジック〟と称される名采配で、仰木は近鉄、オリックスでリーグ優勝三回の実績を残したが、就任当初は知名度が低かった。また、監督としての力量には疑問符をつけられていたが、一年目にして最下位だったチームを優勝争いをするまでに育て上げた。

そこには「若手の積極的な起用」「セオリーにとらわれない采配」「選手をのせるコミュニケーション」という仰木彬の采配の妙、〝仰木マジック〟の片鱗をうかがわせるものがあった。

一つ目の「若手の積極的な起用」。まず行ったのは、若手にチャンスを与えることだった。

仰木は監督になるまで一八年間、近鉄でコーチを務めていた。

そのため、選手たちの実力を知悉していたこともある。

とくに力を入れたのは投手陣の大幅な若返りだ。この年一四勝を挙げ、チームを牽引した二年目の阿波野秀幸をエースに指名。阿波野を軸にして、これまで実績のなかった加藤哲郎、山崎慎太郎、小野和義など、二〇代前半の投手を先発ローテーションに入れた。さらに、二三歳の吉井理人をリリーフエースに抜擢する。これが優勝争いの原動力となった。阿波野は言う。

「使う選手も変わってきたので、それまで結果が出なかった選手が新しいチャンスをもらって、凄くハッスルしていたと思います」

仰木は選手をその気にさせる雰囲気をつくることも上手かった。

若手にチャンスを与える方針は、後に大旋風を巻き起こした〝トルネード投法〟の野茂英雄、〝振り子打法〟のイチローという日本を代表する選手たちを育て上げたことに結実していく。

野茂は鳴り物入りでプロ入りしたものの、〝トルネード投法〟はプロでは通用しないと言われていた。当時、バッターに背中を向けて投げるピッチャーはいなかったからだ。

イチローの〝振り子打法〟にしても、〝野球の教科書〟にはない打法だった。

だが、仰木は野茂のピッチングにも、イチローのバッティングにも、口を出さなかった。個性を生かすという方針を徹底していたのだ。才能を伸ばす環境を重視して、長所と思えるところはどんどん生かせという雰囲気を仰木はチームカラーにしていった。

二つ目の「セオリーにとらわれない采配」。仰木はこの大勝負となったダブルヘッダーでも、二試合に阿波野を登板させるなどセオリーにとらわれない采配を行って、周囲を驚かせた。

投手起用だけでない。

打線も自在に動かしたりする。阿波野は言う。

「ヒット三本打ったバッターも次の日はベンチスタートだったり、よく打線を変えていました」

セオリーを度外視することも多かったからこそ、〝魔術師〟〝マジック〟と呼ばれるようになったのだ。対戦したロッテの高沢秀昭も戸惑うことが多かったと語る。

「相手チームから見ていても、カウントの途中から交代するようなことが、シーズンでも結構、ありました。ここで変えるのかという。左ピッチャーに左のバッターを出してみたり、右の代打に左ピッチャーを出してきたり、そういうこともありました」

ただ、それらは必ずしもセオリー度外視ではないところもある。阿波野は続ける。

「仰木さんは相性をすごく重視していたような気がします。ピッチャーは不利な対戦成績のバッターはイヤだし、バッターにも同じような気持ちがあります。現役時代、正直、このバッターを打ち取れないかもしれないという気持ちもありました。そういう気持ちを汲み取ってくれていたんです」

苦手意識は対戦成績に現れる。実際、監督を務めていたとき、ある選手を代打に使おうとすると、「ちょっと嫌だな」という顔をされることがときどきあった。やはり、対戦成績がよくないピッチャーに対して、バッターとしては代打に行きたくない気持ちがある。そして、苦手意識を持つと、勝負する前に負けているところがある。すると、当然、打てない。

コーチ経験が長い監督は確率を重視して、セオリー重視になる傾向がある。仰木もコーチ経験が長いが、そういう面も感じていたと阿波野は言う。

「ときどき予想外の采配をするんですが、基本はセオリー重視なんです。ゲーム終盤、野球界にはさまざまなジンクスがあります。例えば、『代えたところにボールが飛ぶ』というのがありますが、仰木さんは外野をころころ変えていたんです。一アウトを取ったら、ベンチから出てきて、レフトとライトを交代したりする。それで、また一アウトを取ったら元に戻すとか、目まぐるしい。シーズンオフに、直接、監督に聞いたことがあるんです。『なぜ試合終盤、よく外野の交代をするんですか？』と。そうしたら、『代えたところにボールが飛ぶというジンクスがあるけど、一人だけ変えてもボールが飛ぶところは一か所しかない。レフトとライトを代えれば、同じ選手のところへボールが飛ぶ可能性が上がり、あらかじめわかっているから、うまく処理できる可能性も高くなる』と答えていた。実際、言う通りになって、うまくいっていました」

三つ目の「選手をのせるコミュニケーション」。当時、近鉄の捕手だった梨田昌孝は振り返る。

「仰木さん時代、野球を楽しめるという雰囲気は自分のなかにありましたね。勝て、勝てということより、『まず五割でいいんだよ』とよく言っていた。勝ったり負けたりでいいから、野球を楽しめという印象が残っています」

プロ野球選手には我が強い人間が多い。

普通に「やれ」と言っても、素直に従うことはなく、どちらかというと反発する。

そういうメンタルが勝負ごとには必要なのだが、指揮官としてはむずかしい。なので、監督として、選手とうまくコミュニケーションする能力が非常に重要になってくるのだ。

阿波野は仰木の選手の心をつかむ言動について、こう語る。

「仰木さんは練習前、ひと汗かくために外野でよくジョギングしていた。外野ではピッチャーも練習していることが多かったんですが、そのときによく話しかけてくれました。ピッチャーは先発でノックアウトされたりすると、やっぱり顔向けができないというか、監督の顔を真っ直ぐ見られないんですよ。でも、そういうときに、仰木さんは『次も頼むから』と言ってくれていた。心を動かされて、救われる思いがしました」

## ダブルヘッダー第一試合序盤の危機

近鉄はダブルヘッダー二連勝で、リーグ優勝が決まる。

その奇跡を一目見ようと、川崎球場には約三万人、超満員の観客が集まってきた。

このとき、ロッテは最下位が確定していた。

一九八八年のロッテの成績は五四勝七四敗二分け、勝率〇・四二二。

ホームの川崎球場は閑古鳥が鳴き続けていたのだが、シーズン最終盤、このダブルヘッダーで、ファンに最後の意地を見せるチャンスがやってきた。

本拠地で優勝させたくないという意地もある。


ダブルヘッダー二試合とも、一点を争う壮絶な攻防となった。

第一試合は一五時に試合が始まった。

川崎球場は、素晴らしい快晴だった。

先発ピッチャーは近鉄が小野和義、ロッテが小川博。

一回表、近鉄の攻撃。この年、奪三振王に輝いたサイドスローの小川に、近鉄打線は三者凡退に抑えられる。一番、大石第二朗（現・大二郎）は三振、二番、新井宏昌は一塁ゴロ、三番、ラルフ・ブライアントは二塁ゴロだった。

一回裏。近鉄の先発、小野は高校時代〝江夏二世〟と呼ばれた大型左腕投手。スリークォーターからの一四〇km／h後半のストレートを大きな武器としていた。一九九三年ドラフト一位で入団、五年目のこの年一〇勝一〇敗、ローテーションの中核を担っていた。

ロッテ打線は一回裏、小野を攻略する。一番、西村徳文がライトへヒット、二番、佐藤健一（現・兼伊知）は送りバントで西村を二塁に進める。一死二塁のチャンスに三番、愛甲猛は小野の高めに浮いたカーブをライトスタンド奥深くに叩き込む。

ロッテは愛甲のツーランホームランで、あっさりと二点を先行した。この二点が、重くのしかかる。小川のカーブは大きく弧を描き、シンカーは面白いように落ちて、近鉄打線は打てない。

二回表、三回表、四回表も三者凡退。ここまでパーフェクトに抑えられてしまう。

スタンドは一プレイ一プレイに息を呑む。緊迫する川崎球場は満員札止めになった。

五回表。四番、ベン・オグリビーがキャッチャーフライ、五番、淡口憲治が三振に倒れた——ここまで小川の完全試合が続いていた。

ここで六番、鈴木貴久が意地を見せた。小川から近鉄初ヒット、レフトスタンドへのソロホームランを放ったのだ。試合中盤にして一点差に追いついた。

だが、その後も小川からヒットが奪えない。

六回表、八番、山下和彦は空振り三振、九番、真喜志康永はレフトフライ、一番、大石はショートゴロ。七回表は二番からの打順だったが、新井はセカンドゴロ、三番、ブライアントはライトフライ、四番、オグリビーもライトフライに倒れた。

七回裏。ロッテ打線は小野に再び襲いかかる。

七番、古川慎一は三ボール一ストライクからの五球目が高めに外れてフォアボールを選んだ。八番、斉藤巧は初球をピッチャー前に送りバント、古川を二塁に進めて、一死二塁。九番、水上善雄はピッチャーゴロに倒れたが、一番、西村徳文はフォアボールで二死一塁二塁のチャンスを迎えた。

ここで、二番、佐藤健一。二ボール一ストライクからの四球目、真ん中へのストレートをセンター前へ打ち上げる。中堅手の鈴木は突っ込んだが、惜しくも捕球できず、タイムリーヒットとなった。スコアは一対三。そして、佐藤は二塁へ進んだ。

なおも二死二塁三塁のピンチが続いたが、三番、愛甲猛をレフトフライに打ち取った。

近鉄はダメ押しの三点目を取られて、残り二回で致命的とも思える二点のビハインドを負うことになってしまった。

## 土壇場で試合は振り出しに戻った

八回表。秋の日はつるべ落とし――川崎球場は薄闇に包まれて、カクテルライトが灯っていた。

先頭バッターの五番、淡口憲司がセカンドフライに倒れると、球場を埋め尽くす近鉄ファンからは大きな溜息が漏れた。ここまで、近鉄打線のヒットは六番、鈴木貴久のソロホームランだけだった。

その鈴木が次のバッター。近鉄ファンの一縷の希望に鈴木は見事に応えた。

疲れが見え始めた小川から、初球の外角ストレートをライト前ヒット。自身この日二本目、近鉄としても二本目のヒットを放ち、久々にランナーが出た。

ここで、仰木は最後のチャンスとばかりに、代打攻勢をかけた。七番、吹石に代えた加藤正樹が四球を選んだ。一死一塁二塁。さらに、八番、山下に代えた村上隆行は外角への変化球を打ち返して、ライトフェンス上部を直撃。走者一掃の二塁打となった。

これで、三対三の同点。土壇場で、試合は振り出しに戻った。

八回裏。仰木は勝負を賭けて、リリーフエースの吉井理人をマウンドに送った。この年、吉井は五年目で抑え投手として一〇勝二四セーブ、最優秀救援投手のタイトルを獲得している。

吉井は四番、高沢の代打、上川誠二をショートゴロに打ち取った。五番、ビル・マドロックにレフトへのヒットを打たれたが、続く六番、田野倉利行の代打、岡部明一をセンターフライ、七番、古川慎一を三振に仕留めた。

そして、いよいよ九回の攻防が始まった。

## 九回表、近鉄最後の攻撃

九回表。近鉄最後の攻撃となる。ダブルヘッダーの第一試合は当時の規定では延長がない決まりになっていたからだ。この回、得点することができなければ、少なくとも引き分けになってしまう。つまり、近鉄はこの回で得点しなければ、優勝が消える。

先頭バッターの四番、オグリビーが二ボール二ストライクから外角低めの変化球に手を出して、ショートゴロに倒れる。アウトカウントはあと二つ。

ところが、五番、淡口が内角低めへの二球目をすくい上げ、ライトフェンス最上部を直撃する二塁打を放つ。一死二塁、スコアリング・ポジションだ。

勝ち越しのランナーとなるため、仰木は佐藤純一を代走に送る。

ロッテの監督、有藤道世は小川を諦めて、牛島和彦を投入した。リードした場面でしか使わなかったロッテのリリーフエースだ。

次のバッター、六番、鈴木貴久はこの日、二安打を放っている。初球は外角に外れて、二球目は外角への変化球、鈴木は渾身の力を込めて叩いた。打球はライトに飛んでいく。二塁ランナー、佐藤がホームインできるぎりぎりのタイミングだ。

しかし……三塁の滝内弥瑞生ベースコーチは佐藤に本塁突入を指示したが、ライトの岡部明一は前進守備をしていて、ホームベースに向けて好返球をする。

佐藤は三塁、本塁間に挟まれて、憤死した。

その間に鈴木は二塁へ進み、二死二塁。まだチャンスは残っていたが、万事休す、と思われた。

球場は「いける」から「もはやこれまで」という雰囲気になり、近鉄ファンは意気消沈気味になった。この回で得点を上げられなければ、その時点で西武のペナントレース優勝が決まる。

## 梨田昌孝、入魂の一打

このとき、近鉄ベンチの前で、素振りを繰り返している選手がいた。

この年、一七年目のベテラン捕手、梨田昌孝。梨田はひそかにこの年での引退の覚悟を決めていたという。仰木はこのときのことを後にこう語っている。

「梨田を代打に使うことにためらいはなかったが、一瞬、これまでのシーズンのことが走馬灯のように頭をよぎった。それで審判へのコールが遅くなった」

仰木の名前を告げる前、待ちきれない梨田はバッターボックスへ向かっていた。

マウンドの牛島は梨田が得意とするピッチャーだった。

二死二塁で、一塁ベースは空いている。苦手とする梨田を敬遠する作戦もあったが、牛島は真っ向勝負を挑んだ。

一球目は外角ストレートが外れて、ボール。二球目、梨田は牛島の内角寄りのストレートを詰まりながらも、センターに落とした。二塁ランナーの鈴木は三塁を回り、本塁へ突入する。ロッテのセンター、森田芳彦は猛然とホームに返球する。ボールはキャッチャーの袴田英利に届いて、クロスプレイ。タイミングはアウトだったが、鈴木が間一髪でタッチをうまくかいくぐる。

主審の判定は……セーフだった。

近鉄が勝ち越し点をあげた。三塁側の近鉄ベンチ、スタンドの近鉄ファンは歓喜する。生還した鈴木はベンチを飛び出したヘッドコーチの中西太と抱き合う。巨漢の二人は倒れ込んで、泣きながら喜んでいた。梨田は二塁ベース上で、誇らしげにガッツポーズを繰り返していた――この起死回生の勝ち越しタイムリーが梨田にとって、現役最後の打席になった。

## 絶対エース、阿波野秀幸を投入

九回裏。ロッテの攻撃を抑えれば、マジック一、近鉄の優勝への希望が膨らむ。

マウンドは吉井。先頭バッター八番、袴田の代打、丸山一仁が打席に立つ。初球は内角へボール、二球目は空振り、三球目は内角、四球目は外角へ外れて、三ボール一ストライク。五球目は空振りにしてフルカウント、丸山は六球目をファウルにして粘る。

七球目は内角の際どい球だったが、ボールと判定されてフォアボール。判定に不服な吉井は審判に詰め寄ったが、仰木がすかさずベンチから飛び出して吉井を落ち着かせた。

無死一塁。続く九番、水上善雄の代打、山本功児にもストライクが入れない。ボールが先行して、二ボールとなったところで、近鉄ベンチが動いた。

仰木は二、三歩足踏みをして躊躇を見せながら、決心を固めた。

吉井を降ろして、この場面でエース、阿波野秀幸を投入することにしたのだ。

だが、二日前に登板した阿波野には一二八球での完投による疲労が残り、普段の力を発揮することはできない。梨田昌孝はこう証言する。

「いいときの阿波野に比べると、本当にしょぼい球と言いますか、勢いもないし、コントロールもない、キレもないという。基本的に、もうはやめに勝負、はやめに勝負という。いろいろボールを見せてから勝負しろと、よく解説者の方は言いますが、ああいう状況のなかで見せる余裕もない。とにかくストライクゾーンに腕を振ってこいよというような話はしたと思うんですよ」

一方、この場面を阿波野はこう振り返る。

「キャッチャーが梨田さんでしたので、ほぼお任せでした」

阿波野はストレートの切れがいい。そのため、阿波野にはストレートで押してみたい、アウトをとりたいという気持ちが強かった。

梨田は阿波野の気持ちとスタミナを考えた配球、リードを考えた。ストレートの球威とコントロールを信じて、少ない球数で勝負することを決断したのだ。

阿波野は二ボールで引き継いだ山本を三球目を空振り、四球目を見逃しのストライクで二ボール二ストライクの並行カウントに追い込む。五球目は高めに外れて、フルカウント。六球目の外角ストレートを山本は打ち返した。打球を追う二塁手の大石が一塁ランナーの丸山と交錯して、倒れ込んだ。守備妨害、丸山はアウトとなった。

山本は一塁に残り、一死一塁となったが、ロッテの監督、有藤は守備妨害の判定に猛抗議する。仰木も丸山のラフプレイに怒りをあらわにして、セカンド周辺が騒然とした雰囲気となった。しばらくして、試合は再開。続く左バッターの一番、西村にはストレート二球を投じて、振り遅れさせてファウルでカウントを稼ぐ。

そして、最後は手元で落ちるスクリューボールで三振を取った。

この配球が絶妙だった。

ストレートでファウルを打たせて、カウントを稼ぐ。阿波野の右バッターへの外側のストレートは非常によくコントロールされている。よっぽど間違わないと、フェアゾーンには飛ばない——そんな狙い、計算があった。ファウルでカウントを取ってから、スライダーなど落とす球で打ち取る。落とすボールで何とか、ゴロ、もしくは空振りで打ち取ろうとしたのだ。

## 梨田昌孝の絶妙なリード

阿波野は疲れからコントロールが乱れ、次のバッター、二番、佐藤に三球目をレフト線を抜ける二塁打を打たれる。続く三番、愛甲へ二ストライクから、デッドボールを与えた。

二死満塁のピンチ。ここで打たれれば、近鉄の優勝は消滅する。

それでも梨田は阿波野を信じて、〝はやめの勝負〟を捨てなかった。梨田は言う。

「とにかくはやめに追い込んではやく勝負を、と。阿波野にはスクリューボールがある。だから、追い込みさえすれば三振をとれるという気持ちはありました」

最大のピンチに四番、森田芳彦。三年目で遊撃手、三塁手、二塁手などユーティリティ・プレイヤーとして活躍。守備固めで入っていたが、この年は打率は二割七分九厘ながら、出塁率三割四分三厘というシュアなバッティングを見せていた。

阿波野は梨田の要求どおり、二球で森田を追い込んだ。

そして、梨田は最後に、勝負球のスクリューボールを要求した。

空振り三振。近鉄は接戦をものにして、優勝へ大きく一歩前進した。

梨田はこのときのことを、こう振り返る。

「阿波野のボールを受けた瞬間、万歳していると思います。『よし！　これで優勝だ』っていう思いで、両腕を上にあげた記憶があります」

最後のスクリューボールは、素晴らしいコースに決まった。阿波野は言う。

「ストライクを先行できて、あとはもう最後、自信のあるボールをボールぎみのところ、ぎりぎりのコースに投げるという。満塁でしたけど、外れたらどうしようとか、そういうことはあまり考えないで、狙いどころを決めて、そこに投げられた」

## Catcher's eye　古田の視点

キャッチャーとして見れば、理想の投球だった。

阿波野は森田に対して、速い球でファウルと見逃しで二ストライクに追い込み、そして、落として空振りさせる。梨田の要求に見事に応えた。もちろん、ナイスピッチングだったのだが、プロ同士の勝負なので、逆にわかりやすいボールだったとも言える。速球を二球続けて、次に落とす——セオリー中のセオリーとも言える。だから、逆にバッターに読まれてしまう可能性も高い。

一球、外角に投げておけば、次は内角にくると読まれてしまうこともある。一球を見せるか見せないかは、バッテリーも悩むところだ。

じっくり攻めることもある。ただ、一球見せるよりも、あれがくるかもしれない、これがくるかもしれない、遊ぶかもしれない、勝負してくるかもしれないとバッターが少し迷っているときに、逆に勝負したほうが打ち取れる確率が高い。

満塁という状況もあった。押し出しは何としても避けなければならない。フォアボールは絶対ダメだったし、もちろん、打たれても絶対ダメだった。何としても、ストライクを先行させなければならない。ボールを先行させると、例えば一ボール、二ボールというカウントになると、真ん中めに投げざるをえなくなる。そうすると、どうしても打たれる可能性が高くなる。

この場面、まず一番考えなければならないのは、ファーストストライクをとることだ。

そのとき、どうすればいいのかを考えると、バッターも打つ気が満々なので、ファウルぐらいしか打てないコースにしっかり投げこむことだ。

阿波野の一投目は、まさしくそういうコースに決まった。

キャッチャーからすると、森田への三球は要望通り、完璧なボールだった。

ただ、むずかしいのは、二ナッシングの後、スクリューボールのサイン出すかどうかだ。落ちるボールは捕球がむずかしい。ワンバウンドになっても、後逸は絶対に避けなければならない。だから、普通、このときの梨田のようにどっしり構えることはできない。

ピッチャーが脚を上げたときには、ワンバウンドを止めるために、後ろに逸らさないために、構え方がどうしても小さくなってしまう。

落とすボールはワンバウンドになって後逸のリスクがあるから、壁になるような意識が働くものだ。もちろん、そういうボールのサインを出している以上、普通に構えているのだが、怖れる気持ちから構えがどうしても低くなってしまう。

第一戦の勝負の大きな分かれ目は実はここにあった。

梨田が放った勝ち越しのタイムリーヒットはもちろん、勝利に大きく貢献した。

だが、それ以上に、九回裏から現役最後のマスクをかぶってキャッチャーとして、少ない球数で勝負させたリードも、勝利の大きな決め手になったのだ。

梨田は絶妙のリードで疲労困憊したエースを蘇らせた。

直前、現役最後の安打となる決勝適時打を放ったのだが、その勢いに乗って、バッテリーワークでも、素晴らしい仕事をしていた。

## 第二試合、ロッテが再び先手を取った

第一試合が終了したのは、午後六時二一分だった。

川崎球場には歴史的な一戦を見ようと観客が殺到、第一試合が終わる頃には飲食物はすべて売り

切れになった。球場は異様な熱気に包まれていた。

午後六時四四分。二三分の休憩を挟み、第二試合が始まった。

先発ピッチャーは近鉄が高柳出己、ロッテが園川一美。高柳はルーキーながら六勝をマーク、三年目の園川は初の二桁勝利をあげていた。

一回表。一死後、近鉄は二番、新井宏昌がセンターにヒットを放った。そして、三番、ラルフ・ブライアントへの初球を捕手が後逸して、新井は二塁へ進む。

さらに、ブライアントのピッチャーゴロの間、新井は三塁へ進塁。二死三塁になったが、ベン・オグリビーもピッチャーゴロで四人で攻撃が終わった。

二回裏、高柳は二番、佐藤健一にデッドボールを与える。佐藤はダメージでなかなか動き出せなかった。なかなか一塁に向かわない佐藤に仰木は「もうええやろ。代われ」と詰め寄る。すかさず、有藤監督もベンチから出てきて応酬、序盤から波乱含みの展開となった。

佐藤は第一試合で四打数四安打、仰木にとって目障りな存在だったのかもしれない。

この試合、先手を取ったのは、またもやロッテだった。

二回裏、先頭バッターの五番、ビル・マドロックへの初球は内角へ外れてボール。真ん中に入った二球目のストレートを逃さず、レフトスタンドへホームラン、一点を先制した。

マドロックはメジャーで首位打者に四度輝いた実績を持ち、鳴り物入りで入団。だが、打率二割五分七厘、一七本塁打と期待外れに終わったのだが、最後の最後、本領を発揮した。

第二試合も近鉄打線は湿りっぱなしだった。園川は五回まで奪三振五、被安打三。ただ、高柳もロッテ打線を五回まで被安打四、与四死球二、得点一に抑えていた。

六回表、試合が動いた。近鉄の先頭バッター、九番、真喜志康永は二ボール、二ストライクから真ん中に入ってくる変化球を見逃し三振。しかし、ストライクとの判定に不服の中西太ヘッドコーチが主審に猛抗議、仰木はじめ首脳陣もベンチから出てきたが判定は変わらず、結局、引き下がった。

続く一番、大石第二朗はストレートをレフト前ヒットにする。

一死一塁。二番、新井宏昌は初球のストレートをバント、大石を二塁に送った。

二死二塁。園川は三番、ラルフ・ブライアントとの勝負を避けて、ストレートのフォアボール。

## 近鉄の怒濤の逆転劇

二死一塁二塁で、四番、ベン・オグリビー。三九歳になっていたが、メジャーでホームラン王のタイトルを獲ったこともあった。それだけに、格下のブライアントを敬遠して、自分と勝負したことにプライドを傷つけられたと感じていたのかもしれない。

初球の外角へのストレートの判定はストライク。オグリビーが主審に不満を漏らすように話しかけると、再び中西コーチと仰木がベンチから出てくるが、すぐに引き下がった。二球目は内角低めのボール、三球目はファウル。四球目は外角に外れて、二ボール二ストライクになった。五球目、真ん中高めに入ってきたボールを打ち返す。三遊間を抜けて、センター前ヒット、二塁ランナーの大石がホームインした。近鉄は、ようやく同点に追いついた。

続く、七回表。一死後、七番、吹石徳一が二ボールの後、真ん中に入ってきた変化球を振り抜き、打球はレフトスタンドへ飛び込んだ。やっと、近鉄は一点、勝ち越した。

八番、山下がショートフライに倒れ、九番、真喜志。初球、二球目は外角低めに外れて、二ボールとボールが先行する。三球目、四球目、五球目はストレートをファウルにして、二ボール二ストライク。六球目、外角のストレートを叩いて、ボールはライトスタンドにギリギリで入るホームランになった。近鉄打線は一点を追加、二点勝ち越した。

スタンドの八割を埋めた近鉄ファンは歓喜する。

## ロッテ打線の反撃で同点

ところが、七回裏。ロッテ打線はすぐさま反撃する。

先頭バッター、六番、岡部明一への初球は外角へボール、二球目は内角へのボール。三球目は見逃しのストライクで、カウントは二ボール一ストライク。四球目、高柳のストレートは真ん中へ甘めに入り、岡部はライトスタンドに放り込む。ロッテは一点差とした。

仰木は思わず、ベンチから出てきたが、高柳を続投させる。

七番、古川慎一は一ボール一ストライクから、甘く入ってきた変化球を三遊間を真っ二つにするレフト前ヒット。無死一塁のチャンスをつくった。

ここで、近鉄ベンチはピッチャーを高柳から、吉井理人に代えた。

八番、袴田英利は初球を送りバント。古川が進塁して、一死二塁。九番、森田芳彦に代わる上川誠二はファーストゴロ、その間に古川が三塁を陥れ、二死三塁となった。

一番、西村への初球は内角高めのボール。二球目、ストレートをセンター前に運び、三塁ランナーの古川がホームイン。ロッテは三対三の同点に追い付き、勝負は振り出しに戻った。

七回の攻防で三対三の同点。

一点差をめぐる白熱の攻防。

近鉄は引き分けに終わると、優勝を逃す。

このとき、当時のパ・リーグの延長戦に関わる規定がクローズアップされてきた。

当時の規定はこうなっていた――ダブルヘッダー第一試合は九回で打ち切り、ダブルヘッダー第二試合を含め通常の試合は九回終了時点で同点の場合、最大一二回までの延長戦が行われる。だが、延長戦は試合開始から四時間を経過した場合、そのイニング終了をもって打ち切りとなる。

## エース、阿波野の一日二度目の登板

八回表。先頭バッター、二番、新井がセカンドゴロに倒れる。三番、ブライアントは初球の内角へのストレートを詰まりながらも振り抜いて、パワーでライトスタンドへ放り込んだ。この年、三四号となるブライアントのソロホームランで、再び一点の勝ち越しだ。

八回裏。一点リードの場面で、仰木は常識では考えられない決断を下す。吉井に代えて、エース、阿波野にこの日二度目の登板を命じたのだ——エースを優勝への「胴上げ投手」として期待を込めてマウンドに上げた。だが、阿波野は疲労の極地に達していた。

三番、愛甲を初球、内角へのストレートでサードゴロを打ち取る。

次のバッターは、四番、高沢秀昭。高沢はこの年、首位打者争いでトップを走り続けて、タイトルをほぼ手中に収めていた。

近鉄のエースとロッテの主砲は手に汗を握る闘いを繰り広げる。

そこには、ピッチングとバッティングの高度な技術的な駆け引きがあった。

初球は内角低めのストレートが外れて、ボール。ここから阿波野はスクリューボールでカウントを稼ぎにいく。高沢は二球目、三球目を空振り。タイミングはまったく合っていない。コース、落ち方ともに絶妙に決まり、バットに当たらない、打てないボールだった。高沢は言う。

「自分では打とう、当てにいこうと思って、振ってはいるんです。しかし、後で映像を見てもやっぱりいいところにきている。なかなか当たらないんですよ」

四球目は外角に外したストレート。これは見せ球だった。ボールとなり、カウントは二ボール二ストライクになった。そして、注目の五球目、高沢は狙い球を絞り込んでいたと言う。

「自分の気持ちのなかでは、外寄りの真っ直ぐとスクリューを準備しておけば、何とかなるかな、という感じでした」

しかし、阿波野が投じたのは……高沢の裏をかいた内角へのスライダーだった。

判定はボール、高沢は三振を免れる。ここが運命の分かれ目となった。高沢は言う。

「あの一球に関しては、ボールになってくれてよかった」

対する阿波野は完全に打ち取ったと思ったと語る。

「あの見逃し方を見ると、完全に裏をいけたかな、と」

キャッチャー、古久保健二の会心のリードだ。高沢がストレートとスクリューボールと読んで、踏み込んでいたところに、内角に食い込むスライダー。完全に振り遅れになってしまい、対処することができない。判定がストライクだったら、高沢は完敗だったと言う。

「頭のなかにはない球種でしたので、びっくりした。見逃し方もそうでしたしね」

## 運命のスクリューボール

三ボール二ストライクのフルカウントからの、運命の六球目。バッテリーは決め球として、スクリューボールを選ぶ。阿波野は言う。

「第一試合から自分を救ってくれたボールだったので、最後はそれに賭けようと思った」

高沢は二球目、三球目のスクリューボールを空振りしたが、球筋は脳裏に焼き付けていたと言う。

「そこまでのスクリューを二回空振りしているので、準備ができていたというか、きちんと見られた。その二球がすごくいいコースに決まっていたので、それ以上のボールはたぶんないだろう。だから、何とかなると思っていたんです」

タイミングが合っていなかったスクリューボールを、あえて高沢は狙っていた。

阿波野の六球目、渾身の力を込めて投げたスクリューボールはストライクにやや甘く入った。

高沢は思いっきり振り抜く。完璧なタイミングですくい上げた。

打球はレフトスタンドへライナーで飛び込み、同点ホームランとなった。

そこには、高沢の絶妙なバッティング技術があった。高沢は振り返る。

「素晴らしいスクリューを二球見ていたけれど、最後の決め球がそれよりちょっと甘かった。だから、バットの届くところにきてしまったという感じでした」

とはいえ、阿波野の投げる低めに決まったスクリューボールは、普通のバッターはヒットを打てても、ホームランを打てるようなものではない。阿波野は言う。

「ホームランはあまり打たれなかった。よほどアッパー気味に打ってくるバッターとか、外国人選手には打たれたことはありましたが、そんなに打たれた記憶はありません」

阿波野のスクリューボールはフライを打つのは一番、むずかしい球種と言える。

だが、高沢は低めに落ちるスクリューボールの球筋を見極めていたため、打つ瞬間、手首を返してすくいあげて、飛距離を伸ばして、ホームランにしたのだ。高沢は語る。

「変化球は泳ぎ気味にいったほうが、手首がカンっと返って打球が飛んでいく。フライになりやすいので、そういう打ち方をしたんです」

## Batter's eye　古田の視点

ここでの高沢のバッティングは技術を持っていても、一年で何度もできるプレイではない。

緊迫の場面で、高沢はそんなバッティングを奇跡的に行えたのだが、プロフェッショナルの世界ならではのプレイだったのだ。

スクリューボールは真っ直ぐに見えて、最後にベース付近で低めに落ちてくる。

さらに、サウスポーの阿波野の場合、右バッターには落ちながら、やや外めに逃げていく。だから、普通はボールが落ちていく、逃げていくところに、腕を伸ばすことになる。

結果的に手首を返さない打ち方になるのだが、すると、バットに当たっても、それほど飛ばずにセンター前などにライナーで飛んでいくのだ。

スクリューボールはストレートよりも球速が遅く、たまたまコースも少し甘かった。

そのため、高沢は腕を伸ばさずに手首を返して、すくい上げるように打って、ボールはホームランの放物線を描いたのだ。

高沢は低めに落ちる球筋を見極めていたが、これは狙って、その通りにできることではない。

普通にバッティングに入ってから、途中で手首を返すと、ヘッドまでには距離があるため、バットのスピードは上がる。当然、反発力が上がって、打ち返したボールは勢いが乗る。単純な仕組みである。だが、これは言うほどに簡単なことではなく、非常に高度なテクニックが要求される。

その年、首位打者を獲得した高沢はそういうテクニックを持っている。

だが、あの場面では、狙ってのバッティングではなく、本能的に手首を返したら、結果的として、ホームランになったのかもしれない。

## 近鉄の優勝が消えた瞬間

九回表。二アウトから、一番、大石が二ボールからの三球目、真ん中低めを引っ張ってレフトへツーベースヒットを放ち、二死二塁。二番、新井は四球目、外角高めのストレートを三塁線に流し打った。スタンドは大盛り上がりになったが、三塁手の水上が横っ飛びで捕らえてファーストへ送るファインプレイを見せて、新井は間一髪でアウトとなる。

近鉄は九回裏を抑え、延長戦で勝ち越すしかなくなった。しかも、「試合開始から四時間を経過した場合、そのイニング終了をもって打ち切り」という規定が重くのしかかる。

時刻は午後一〇時を過ぎる。

テレビ朝日の看板番組だった『ニュース・ステーション』が始まったが、冒頭でキャスターの久米宏は「川崎球場が大変なことになっています」と語り、野球中継が続けられた。

九回裏。近鉄は一分でもはやくロッテの攻撃を断ち切りたいところだったが、阿波野は先頭バッターの七番、古川にライト前ヒットを許す。

その上、八番、袴田の初球送りバントを阿波野とキャッチャー、梨田がお見合いして、内野安打。

無死一塁二塁のピンチを招いてしまった。引き分けどころか、サヨナラ負けのピンチだった。

次のバッター、九番、水上は送りバントの構えを見せる。

阿波野は牽制を繰り返していたが、カウントが一ストライクの場面、セカンドへ牽制球を投げた。二塁手の大石は飛び上がって捕球したため、着地したときに走者、古川を押したようなかたちでタッチする。二塁塁審はタッチアウトとした。

ロッテの有藤監督は走塁妨害を主張して猛抗議、近鉄の仰木監督も憤然と二塁に詰め寄った。

試合開始から約三時間半、規定の時間が迫っているため、超満員のスタンドからは有藤監督への「帰れ」コールが起こり、グラウンドに乱入する観客もいた。

結局、判定は覆らなかったものの、約九分間試合が中断した。

一死一塁で試合は再開される。

水上はセカンドフライに倒れ、二死一塁になったが、近鉄のピンチは続いた。

一番、西村は二球目、外角高めを叩いて、レフト前にツーベースヒット、二死二塁三塁とピンチは拡大する。二番、佐藤は敬遠のフォアボール、二死満塁となった。

ここで、三番、愛甲をレフトフライに抑えて、希望をつないだ。

一〇回表。時刻は午後一〇時三〇分。試合開始から三時間四六分経ち、時間的に延長戦は一〇回の攻防で最後になる。先頭バッターは三番、ブライアント。一ボール二ストライクからの五球目、外角のボールを引っかけてセカンドゴロ、二塁手の西村が好捕して送球したが、ベースカバーのピッチャーの関清和が後逸するエラーでブライアントは出塁して、無死一塁とした。

しかし、四番、オグリビーは空振り三振。

そして、五番、羽田はセカンドゴロ、ダブルプレイ……。

近鉄最後の攻撃は終わった。

この瞬間、近鉄の優勝はほぼ消えた。

だが、それでも、一〇回裏の守備につかなければならなかった。

試合は午後一〇時五六分、引き分けに終わった。

試合後、近鉄ファンが残る三塁側スタンドから紙テープが投げ込まれる。

近鉄は選手全員で一礼すると、スタンドから「仰木」コールが起こった。

最終成績は、優勝した西武が七三勝五一敗六分け、勝率〇・五八九。二位近鉄が七四勝五二敗四分け、勝率〇・五八七。ゲーム差〇、勝率の差はわずか二厘、〇・〇二だった。

Best Game File 10

一九八七年日本シリーズ

# 球界の盟主を射止めた情報戦

読売ジャイアンツ
×
西武ライオンズ

一九八七年の日本シリーズ。巨人はリーグ断トツのチーム打率と防御率でペナントレースを圧勝。下馬評では巨人有利と言われたが、日本一に輝いたのは西武だった。勝負を分けたのは一点を取るための情報力、機動力。象徴的なのは第六戦、シングルヒットで一塁から一気にホームに生還した走塁だ。森野球、強さの秘訣とは？

第六戦八回裏。秋山幸二のセンター前ヒットで辻発彦が一塁から長駆、一気にホームインした

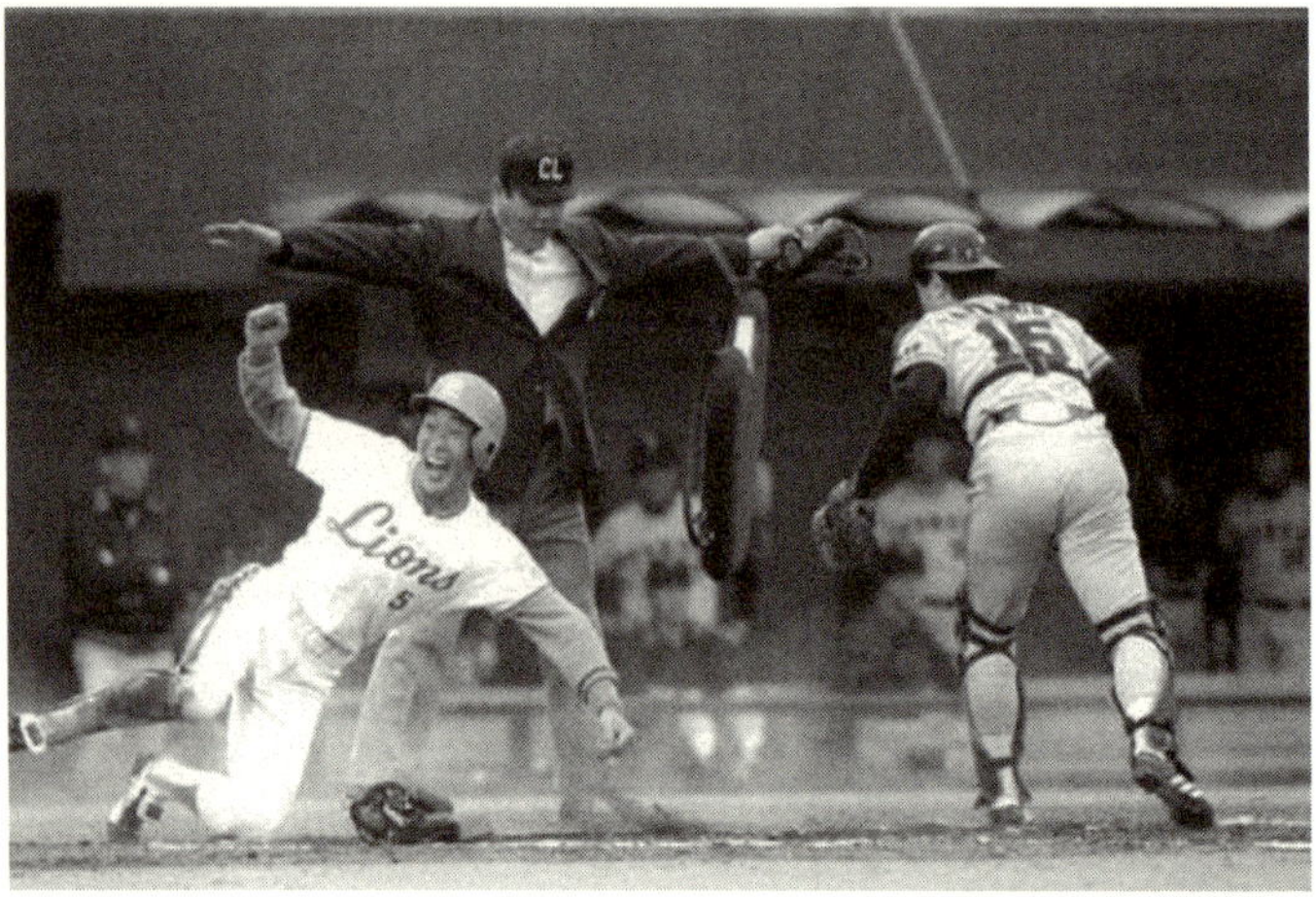

一九八七年の日本シリーズは、常識を覆す戦いとなった。

六年ぶりの王座奪還を狙う王貞治監督率いる読売ジャイアンツか、二年連続の日本一をかける森祇晶監督率いる西武ライオンズか――現役時代、巨人Ｖナインを支えた、この二人の対決は〝球界の盟主〟を争う日本シリーズと言われた。

ちなみに、第五戦はシリーズ終了後に取り壊された後楽園球場で行われたプロ野球最後の試合。また、このシーズンからパ・リーグ主催試合のみ指名打者（ＤＨ）制が採用されるようになった。

## 勝負を決めた〝伝説の走塁〟

一九八七年一一月一日、西武ライオンズ球場。

日本シリーズ第六戦、西武は三勝二敗で優勝に王手をかけて迎えた。

二対一で西武が勝ち越していた試合終盤の八回裏、二死から、二番、辻発彦が三遊間を抜くヒットで出塁する。

二死一塁。三番、秋山幸二がセンター前ヒットを放つ。シングルヒットだったが、一塁ランナーの辻は二塁キャンパスを蹴り、三塁に向かう。ようやく中堅手のウォーレン・クロマティがボールをつかみ、遊撃手の川相昌弘に中継する。

辻はクロマティの山なりの送球を見るや、三塁を駆け抜ける。川相は一塁を回ろうとしている打者走者を意識するあまり、辻に目が行っていなかった。

結果、辻は一塁からそのまま長駆、ホームインした。

三対一、ダメ押しになる貴重な得点となった。

一塁ランナーがシングルヒットでホームに生還――野球の常識を覆す事件だった。

このプレイを含めて、西武の機動力、情報力が二年連続日本一へと導いた。

その司令塔になったのは、西武の三塁コーチ、伊原春樹だ。

森監督の右腕、頭脳として、縦横無尽に攻撃・防御の戦略を立てていた。

このシリーズでの西武の攻撃を象徴する〝伝説の走塁〟。三塁コーチの伊原は、巨人の選手たちが見せた一瞬の隙を見逃さず、ホーム突入を指示した。その隙は一秒にも満たないだろう。まさしく一瞬にして、巨人の隙を突いた伊原の判断力こそが勝負を分けたのだ。伊原は振り返る。

「調べた情報をもとに、すべてを計算していく。『これは大丈夫だ』『これは駄目だ』というものがありますからね」

第一戦では猛打を浴びた西武。しかし、第二戦以降、巨人打線を抑え込んだ。

中軸の中畑清と駒田徳広を徹底的にマークして、打線のつながりを断った。

それができたのは、投手陣が戦いながら、敵の弱点をつかんだからだ。

西武の勝因は、森祇晶監督による戦術が大きかった。巨人の戦力を徹底的に分析、その情報をもとに多彩な作戦を駆使して、シリーズの流れを引き寄せたのだ——二年連続日本一に輝き、球界の盟主の座をいとめた西武の情報戦略。その裏側はどのようなものだったのか？

その年のペナントレース、巨人打線のチーム打率は二割八分一厘。三割三分三厘で首位打者を獲得した篠塚利夫（現・和典）を筆頭に、吉村禎章が三割二分二厘、中畑清が三割二分一厘、原辰徳が三割七厘、クロマティが三割、駒田徳広が二割八分七厘という強力打線を組んでいた。

そんな巨人の強力打線の攻略法を西武投手陣は日本シリーズを戦いながらつかんでいった。

一九八七年一〇月二五日、西武ライオンズ球場。日本シリーズ第一戦。

西武の先発は、ベテランの東尾修だった。

この年、東尾はプロ入り一九年目。ペナントレースでは一五勝九敗、防御率二・五九。同僚の工藤公康と最優秀防御率を争い、最終的には工藤にタイトルを譲ったものの、後半戦は五連続完投勝利を含む九勝一敗の大車輪の活躍を見せて、パ・リーグMVPに輝いた。

この日の東尾の調子はよくなかった。

巨人打線は爆発。六回で東尾をKOして、一六安打、七得点の猛攻を見せた。

一方、西武打線も先発の桑田真澄を攻略、三得点を上げて三回途中で降板させたものの、リリーフした加藤初、水野雄仁、鹿取義隆に完璧に押さえ込まれてしまった。

ところが、第二戦以降、西武投手陣は巨人打線を翻弄、沈黙させた。

鍵は第一戦で、東尾が巨人打線の特徴をつかんだことにある。

## Catcher's eye 古田の視点

第一戦の六回表。代打の岡崎郁にタイムリーヒットを打たれた東尾に、森監督は降板を告げるために、マウンドに向かった。しかし、東尾は言った。

「試したいことがある」

工藤と並ぶエースで初戦を勝ちにいったのだが、六回で五対三と二点のビハインド。森監督はこう振り返る。

「はっきり言ったら、負け試合ですからね。そんななかから、引き出しをつくってくれればいい。〝材料探し〟のために投げさせたということですね」

一番、鴻野淳基はピッチャーゴロに倒れ、岡崎も併殺。二死無走者で、次のバッターは駒田徳広。プロ入り三年目の一九八三年、プロ野球史上初となる初打席で満塁本塁打を放ち、満塁で無類の勝負強さを発揮する「満塁男」と称された。この年からレギュラーポジションを獲得、二番打者ながら、長打力のあるバッターだ。

一球目。東尾の決め球のスライダーが左バッターの駒田の内角に外れる。

二球目。今度はスライダーがストライクゾーンに甘く入り、強打された。

ダメ押しとなったライトオーバーのソロホームラン、東尾はノックアウトされた。

しかし、西武は駒田のある特徴をつかんだのだ。

第一戦の駒田、第一打席は二球目を打ちにいき、ファウルにした。初球はボールだったから、ファーストストライクだった。三球目はボール、四球目のストライクをヒットにした。

第二打席は二ボールの後、三球目のストライクを見逃し。四球目、五球目はストライクで手を出してファウルにしている。六球目はボール、七球目のストライクをツーベースヒットにした。

第三打席は二ボール後の三球目のファーストストライクをファウル、四球目をヒットにしている。

そして、第四打席、一ボール後のファーストストライクを打ち返し、ホームランにした。

駒田はストライクがきたら、はやめのカウントでも打ちにいく積極的なバッターだった。

西武は駒田に対してファーストストライクから、勝負球を投げるべきだと分析した。

東尾が「試したいことがある」と言ったのは、このことだ。

結果として、センターにホームランを打たれたが、ファーストストライクから狙っていく、勝負がはやいタイプだということを確認したのだ。〝西武の頭脳〟、伊原春樹はこう言う。

「じっくり甘いボールを待っているバッターじゃないですからね。ファーストストライクを取りにいくときには、打ち取るつもりで自分の勝負球を投げていけと指示した。カウントを稼ごうとストライクを置きにいくと、間違いなくやられますからね」

駒田は外国人バッターのような存在だったのだ。初球からどんどん打っていくから、初球からでも決め球がフォークだったら、フォークで勝負する。いかなければ、やられる……。

この情報がわかりやすく生きたのは、第三戦だった。

一〇月二五日、西武ライオンズ球場。西武の先発は郭泰源、巨人の先発は江川卓。

郭は駒田に対して、第一打席から厳しいボールで攻めた。

初球はフォーク。内角低めギリギリを狙ったが、判定はボールだった。

二球目は外角に勝負球のシュート。やはり駒田ははやめに打ちにきた。だが、フォークのイメージが残っていたのか、体勢を崩されてファウルにするのがやっとだった。

三球目は外角にシュート。郭はピッチャーゴロに仕留めた。

郭ははやめから勝負球のシュートを投じて、駒田に自分のペースをつかませなかったのだ。

駒田は第一戦、五打数四安打で打率八割だった。

それが、第二戦以降は一割一分七厘と、打率は急降下した。西武投手陣が駒田をほぼ完全に抑えられたのは、東尾が第一戦で打たれながら探りだした情報のおかげだった。東尾は言う。

「勝つためですよ。抑えたら抑えたで、その結果を後につなぐこともできますし、打たれたら打たれたで反省できる。あらゆる角度から、スコアラーに分析してもらい、それを生かしていくという」

第一戦に東尾が先発したのは、そんな深謀遠慮があったからだ。伊原はこう言う。

「試合後、夜はミーティングをやりますが、反省会のようなものになる。そこで、年長者の東尾さんが次の日の先発ピッチャーやその後の先発ピッチャーに、あのバッターはどうだ、このバッターはどうだということを伝えて、補習というか、イメージトレーニングができたのだと思います」

## 中軸打者を抑えて、強力打線を分断

もちろん、西武は巨人の他のバッターの特徴もつかんでいた。

第五戦。一〇月三〇日、後楽園球場。巨人の先発は桑田、西武も東尾が再び登板した。

三対一と西武が勝ち越していた七回裏。無死一塁となり、バッターズボックスに七番、中畑清が立った。打率三割を超える下位打線の軸だ。

東尾は第一戦の三回表、中畑に勝ち越しのホームランを打たれている。そして、これが決勝打となり、中畑は第一戦のヒーローになった。打たれたのは内角だった。

今度はホームランが出れば、同点の場面。打ち気にはやる中畑に内角を投げてはいけない。初球は外角を攻めて、空振り。二球目も続けて外角、ファウルで二ストライクに追い込んだ。三球目。決め球のスライダーを外角に投げ、引っ掛けさせて、ショートゴロでダブルプレイ。西武投手陣は中畑に対しても、第二戦以降、ほぼアウトサイド中心の攻め方にしていた。これも、東尾が第一戦で打たれたホームランの経験が生きたのだろう。

この場面を巨人の二塁手だった篠塚和典はこう振り返る。

「中畑さんはもともとインサイドが好きで、振っていくタイプなんです。また、中畑さんと駒田はお祭り男というか、乗っているときは放っておいても行くし、我々を引っ張っていくところがあった。そういう打線でもあったんですけど、状態がよかった二人が抑えられたということは、やっぱり勝負の分かれ目として大きかったと思いますね」

巨人打線は駒田以外も第二戦以降、大半が打率を落とした。

主軸で打率が上がったのは原辰徳のみで、初戦が二割、第二戦以降が二割五分。中畑は四割から六分六厘、鴻野淳基は二割から無安打の○割、吉村禎章は五割から二割六分三厘と大きく落ち込んでいる。西武投手陣は巨人打線のつながりを完全に分断したのだ。

日本シリーズ六戦の駒田、中畑の打順は——第一戦、第二戦が駒田二番、中畑七番。第三戦、第四戦、第五戦が駒田一番、中畑七番。第六戦が駒田九番、中畑一番だった。この二人を徹底的に抑えることで、巨人打線の得点のチャンスの芽を摘んでいったわけだ。

## Leader's eye 古田の視点

日本シリーズは短期決戦だ。対戦チームのデータを収集して分析、戦術を練って、何度もミーティングして、第一戦に挑む。しかし、対戦していくなかで微調整していくことも必要だ。実戦のなかでしかつかめないこともあるため、データを再収集、再分析して、それをフィードバックして、次戦以降に生かしていく。

第一戦の六回裏に東尾は駒田にホームランを打たれたが、スライダーを二球続けて投げたのは、ある意味、打たれてもいいという気持ちがあったからだ。ダメ押しの一点を取られて、その試合に負けても、それ以上に次の試合に生かせるデータになると考えることができる。

短期決戦の日本シリーズでは、第一戦はコントロールのいいピッチャーに投げさせろとよく言われる。コントロールが悪いピッチャーだと、勝っても負けても、有益なデータが残らないからだ。コントロールのいいピッチャーならば、相手バッターの気性やクセ、得意コース、苦手コースが見えてくる。力任せで抑えきることができても、そういうピッチングができる投手ばかりではない。コントロールのいいピッチャーならば、相手バッターの気性やクセ、得意コース、苦手コースが見えてくる。誘ったり、気を逸らしたりする駆け引きのなかで、バッティングの感覚がわかる――それは、キャッチャーにとって有効なデータとして蓄積され、修正すべきところがはっきりしてくる。

森監督はこう言っていたという。

「日本シリーズは第二戦からが勝負だ」

第一戦も大切だが、第二戦で勝てるピッチャーを先発させれば、三勝三敗になった場合、移動日を入れて中六日、第七戦で投げさせることができる。つまり、最後の最後に勝てるピッチャーがいると思えれば、劣勢になっても、三勝三敗に持ち込めば最終的には勝てると考えられる。劣勢の局面になっても、希望を持てるし、精神的な余裕が持てるわけだ。

また、もうひとつ大きいことは、日本シリーズの第二戦の次の日は、移動日になるということもある。第一戦に負けても、第二戦で勝てば、試合のない移動日に気持ちを引きずらないで済む。同じ一勝一敗でも、第二戦に負けて移動日を挟んで第三戦を迎えることは、精神的にきつい面があるのだ。そういう効果もあるのだが、第一戦、初戦に勝つこともチームに勢いをつけられるから、どこでエースを起用するという決断は、指揮官として、なかなかむずかしい問題でもある。

西武の攻撃にも、特筆すべきことがあった。

この年、西武のチーム打率は二割四分九厘、パ・リーグ最低の数字だった。

一方、巨人はチーム打率が一二球団トップ。防御率も三・〇六とセ・リーグでトップ。多くの人たちが、横綱相撲で巨人有利と見ていた。

西武の森監督は、走塁やバントを駆使する機動力野球で巨人に挑んだ。がっぷり四つでまともに戦っていては、勝負にならない。機動力でスコアリングポジションに送って、少ないチャンスをものにしていこうという戦略だ。相手をプレッシャーをかけていって、活路を開こうとしたのだ。

森監督の戦略を、象徴的に示す数字がある。

このシリーズで、西武のランナーが一塁に出塁したのは二六回だった。このうち一塁ランナーが生還した回数は七回。確率にすると二七パーセント、巨人は出塁三四回、生還五回で一五パーセントなので、およそ二倍になる。西武がいかに効率よく得点をあげたことがわかる。

森監督の機動力野球を具体的なかたちにしていったのは、三塁コーチの伊原春樹だ。

日本シリーズが近づくと、伊原は巨人の戦力分析を任せられた。伊原はペナントレースでの巨人打線の情報を徹底的に収集、分析して、選手たちのクセを走塁に利用しようと考えた。

例えば、巨人投手陣の三本柱、槙原寛己。彼はセットポジションに入るとき、グラブを高い位置で構えると、牽制することが多かった。また、「山倉（和博捕手）の肩は中の上」など、伊原はこういった情報を選手たちに伝えて、機動力野球に生かしていったのだ。伊原は語る。

「とにかく、次の塁、次の塁を狙う。セカンドを抜けたら、サードを狙う。サードを抜けたらホームを狙う。そういう気持ちで走ってくれと伝えました」

さらに、西武の機動力野球を象徴するのが、徹底したバント戦略だ。

西武では走塁やバントの練習がすべての選手に課せられた。三番の秋山幸二、四番の清原和博などクリーンナップの長距離バッターも含めて、言い訳は許されなかった。

実際、この日本シリーズ六戦でランナーが一塁に出塁すると、森監督は頻繁に送りバントのサインを出した。ときには、代打を出してまで、送りバントを指示する。西武は送りバントを通算九回仕掛けて、そのすべてを成功させたのだ。伊原は続ける。

「先頭バッターが一塁に出ると、まず間違いなく手堅くセカンドに送る。絵に描いたような野球でしたね」

それが西武の野球のスタイル、ベースとなった。

そして、勝ち続けていくことで自信を深めていった。

ランナーが得点圏に送られると、生還させるために多彩な攻撃もしかけた。

そこにも、森西武の強さがあった。

第五戦。一回表、無死一塁で、バッターは二番、辻発彦。原辰徳のエラーで出塁した石毛宏典を確実にバントで送った。次のバッターは三番、秋山幸二。長打も期待できる好打者だが、それまでの打撃成績は一四打数三安打、一割七分六厘、打点一、本塁打一だった。

二塁ランナー石毛が三塁を狙い、スタートを切る。

秋山は桑田の外角に甘く入ったカーブを流し打って、右中間を破る二塁打。わずかヒット一本で一点を奪い、先制したのだ。巨人の二塁手だった篠塚和典は、こう振り返る。

「西武の走塁に関しては、最初からいやらしいっていう感覚がありましたね。だから、〝隙〟を見せてはいけないという意識が個々の選手にあったと思います」

〝隙〟があれば、つけ込んでいく。西武の機動力野球はプレッシャーをかけ続けていった。

ペナントレース、西武は二割五分を切るチーム打率だったのだが、機動力野球を縦横無尽に発揮して、パ・リーグを制した。走ることだけでなく、細かいバントも得意として、実績を残してきた。だから、ある意味、自信を持って、余裕を持って、臨めた。

それに加えて、西武は一九八二年から四度のリーグ優勝、三度の日本一を経験していたから、日本シリーズ慣れしていた。過剰な気負いや昂ぶりもなく、相手が〝隙〟を見せたら、そこにつけこんでいこうという平常心を持っていた。対戦チームとしては、非常にいやらしいチームだったのだ。

## Batter's eye 古田の視点

一九八七年の日本シリーズ第六戦。ここで、冒頭に紹介した〝伝説の走塁〟が生まれた。西武の機動力野球を象徴するこのプレイ、誕生の秘密をもう一歩踏み込んで、紐解いていこう。

〝伝説の走塁〟の裏にはやはり、徹底した巨人の戦力分析があった。

三塁コーチの伊原は、ある選手のクセに注目した。

センターのウォーレン・クロマティだ。伊原のメモにはこう記されていた。「クロマティの返球、いつも山なりに内野手。常に全力疾走すること」。伊原はこの情報をもとに、ある作戦を立てた。

日本一に王手をかけて臨んだ第六戦。その作戦を試すチャンスがやってきた。

二回裏。一死二塁の場面。ランナーは清原和博だった。清原はレフト前ヒットで出塁。五番、安部理の送りバントで二塁に進塁していた。

六番、ジョージ・ブコビッチ。フルカウントから、水野雄仁の真ん中に甘めに入った変化球をセンター奥深くに打ち返す。クロマティはバックを繰り返して追いつき、捕球した。清原はそれを見るやタッチアップ、二塁から三塁へ向かう。

クロマティはショートの頭上を超えて、サードに向けて山なりで返球していた。清原は三塁を回り、ホームに向かう。ボールがサードから返ってくる。山倉がタッチしたが、セーフ。西武は一点、先制した。二塁からタッチアップでの清原の生還――これは、偶然ではなく、伊原の作戦だった。

注目していたクロマティの返球。やはり山なりだったのを見るやその瞬間、三塁コーチャーズボックスから伊原は右腕をぐるぐる回し、ホーム突入の指示を出していたのだ。伊原は言う。

「クロマティの送球を見ながら、いけるんじゃないかと。やっぱり頭のなかで計算しますからね」

しかし、伊原の意図しないことが起こった。清原が一瞬、立ち止まり、振り返ったのだ。

「後で、『ばかやろう、何やっているんだ』と言ったら、『いやあ、まさか行くとは思わなかったです』と。清原は、そんなことを言っていましたね」

伊原はこう笑うが、このときの清原のプレイが巨人を撹乱することになる。

清原は単純に走塁ミスというか、まさかの伊原の作戦に戸惑っただけだったのだが、巨人はたまたま点は取られたけれど……という感覚になり、そこで誤解をしてしまったのだ。

清原本人は狙ったわけではないだろうが、結果としてフェイントになった。伊原は続ける。

「ジャイアンツ首脳陣は『あれ、たまたまだよ』と感じたんだと思います」

一塁、二塁からワンプレイで一気にホームを狙う作戦を巨人に悟られずに済んだ――そう考えた伊原は同じようなチャンスが訪れれば、再び狙えると確信した。

そして、二対一の西武一点リードで迎えた八回裏――〝伝説の走塁〟が生まれる。

ランナーの辻は五〇メートル五秒台の俊足だったが、一塁ランナーがシングルヒットでホームに生還するという走塁は常識外れのものだった。だが、この一点が優勝を決定づけた。

〝伝説の走塁〟の裏には、巨人が垣間見せた〝隙〟を見逃さなかった伊原の判断力があった。

このときも打球はセンターのクロマティへと飛んだ。クロマティはわずかにもたつき、返球が遅れる。返球する相手を探して、投げる動作に入るまで〇・五秒かかっていた。この一瞬の〝隙〟が、ランナーに与えられたのだ。

加えて、伊原は中継に入った遊撃手、川相昌弘の動きを見て、ホーム突入を判断しようとしていた。川相はランナーに背を向けて、クロマティから送球を受ける。この後、川相が一塁方向に振り向けば、ホームへ突入させる。辻の姿に気付くのが遅れるからだ。

しかし、川相が三塁方向に振り返れば、ストップさせる。辻が視界に入ってきたなら、すぐにバックホームされてしまうからだ。川相は悔しそうに思い返す。

「サードという考えはなかったです。一塁ランナーがサードへ進むのはしょうがないと考えた。バッターランナーがセカンドにくるんじゃないか、もたもたしていられない、と。とにかく、セカンド進塁を防ごうって思っていたんです」

ホームを狙われているとは思いもしなかった川相。一塁方向に振り向いて、バッターランナーの秋山幸二を見た。この瞬間、伊原は三塁を回ろうとしていた辻にホーム突入を指示した。

川相は辻の突入に気付き、慌ててホームへの送球の動作に入る。

その間、〇・四秒。クロマティの〇・五秒と合わせて〇・九秒がランナーに与えられた。

そして、この間、辻はおよそ八メートル、進んでいたのだ。三塁からホームベースまでの距離は二七・四三メートルだが、川相からのボールが山倉に返ってきたのはホームインの直後だった。〇・九秒の隙をついて奪った一点だった。伊原は本塁突入の成功を確信していたと言う。

「狙い通りというかね。やっぱり、全部計算したなかで、これは大丈夫だ、これは駄目だというところがあります。一応、これは大丈夫だという確信を持っていました」

このプレイに巨人首脳陣、ナインは衝撃を受けた。たった一点とはいえ、重みが違った。

## 清原和博の涙が象徴するもの

九回表。四番、原がライトフライ、五番、吉村がショートゴロに倒れる。

次のバッター、六番、篠塚がバッターボックスに入ったときのことだった。

工藤がプレートを外す。グラウンドの異変に気がついたからだ。

遊撃手の清家政和が吉村のショートゴロをさばき、ファーストに送球。アウトにしたのだが、ボールを受けた清原は号泣していた。

それを見て、二塁から辻が清原のもとに駆けつけた。

そして、伊東勤、秋山ももらい泣きをしている。

試合は一時中断したが、工藤は気を取り直して、プレートを踏み直す。

初球、篠塚はセンターへ打ち返した。秋山がウイニングボールをつかみ、ゲームセット。西武ライオンズ、二年連続の日本一。マウンドで歓喜の胴上げが始まった。

巨人の圧倒的な戦力を徹底的に分析、西武は機動力野球で球界の盟主の座を射止めた。


この日本シリーズでの西武の〝奇跡の走塁〟は、野球の歴史を変えたと言ってもいい。

それまで起きなかったこと、監督も、コーチも、選手もプロ野球を長年やってきた人間、誰もが絶対起きないと思っていたことがやり遂げられた。

そして、その先の可能性も示したのだ。

〝奇跡の走塁〟が、日本のプロ野球をその後、レベルアップさせていくきっかけになったことは、間違いない。

Best Game File 11

一九八五年四月一七日

# 阪神打線 怒濤のバックスクリーン三連発

読売ジャイアンツ×阪神タイガース

阪神が球団史上初めて日本一に輝いた一九八五年。その年の猛虎の快進撃は四月一七日、阪神甲子園球場での巨人戦、二点を追う七回裏二死から始まった。阪神のクリーンナップ、バース、掛布、岡田のバックスクリーンへの三連続ホームラン。阪神ファンの間でいまも語り継がれている「伝説の三連発」の裏側に迫る

七回裏、ランディ・バース、掛布雅之に続いて、岡田彰布がバックスクリーンにホームラン！

一九八五年四月一七日、阪神甲子園球場。阪神タイガース対読売ジャイアンツ二回戦。

この試合は阪神ファンにいまも伝説として語り継がれている。

巨人の先発は若きエース、槙原寛巳。阪神の先発は工藤一彦だった。

七回裏。一対三と阪神は二点、ビハインドしていた。二死一塁二塁の場面、打席には前日まで打率一割五分四厘と不振の三番、ランディ・バースが入った。

バースは槙原の初球、シュートを打ち返して、バックスクリーンへ三ランホームランを放つ。

続く、四番、掛布雅之も三球目、真ん中高めのストレートをバックスクリーンに叩き込む。

さらに五番、岡田彰布も二球目、外角へのスライダーをバックスクリーンへと放り込んだ。

「伝説のバックスクリーン三連発」。

この日を境に、阪神の快進撃が始まった。

三連発の三人全員がこのシーズン一〇〇打点を超える大活躍をする。

そして、一〇月一六日。ヤクルト戦に引き分け、阪神タイガースは二一年ぶりに念願のリーグ優勝を果たす。

さらに、勢いに乗って西武ライオンズを四勝二敗で下して、日本シリーズも制覇した——球団史上唯一の日本一になったその年、前代未聞の「トラフィーバー」が日本全国に巻き起こったが、「伝説のバックスクリーン三連発」がすべての始まりとなった。

## ドラマは球団創設五〇周年に起こった

一九八五年。この年は阪神にとって特別な年だった。

一九三五年一二月一〇日、株式会社大阪野球倶楽部（球団名「大阪タイガース」）が設立。球団創設五〇周年、今年こそ優勝とペナントレースに挑んだのだ。ところが、開幕予定の四月一二日は雨天中止、開幕初戦となった四月一三日の広島戦は三回表に真弓の三ランホームランで先制するも、中盤に追いつかれて、延長一〇回に三対四でサヨナラ負けしてしまった。

翌一四日の広島戦は八対七で勝利したものの、阪神ファンの気持ちには暗雲が漂っていた。

四月一五日は移動日、一六日の巨人一回戦は四回裏に大量七得点、一〇対二で圧勝した。

そして迎えた巨人二回戦、四月一七日を迎えた。

「伝統の一戦」と言われる、阪神と巨人の対戦。やはり特別な雰囲気が漂うと掛布は語る。

「甲子園球場での巨人戦は、ちょっと違う。阪神ファンも巨人ファンも、球場全体の雰囲気が違うから、独特な感じになる。他のどこの球場にもないものが甲子園にはある」

先発のマウンドに立った槙原もこう言う。

「まさに聖地ですよ。伝統のある二チームの対戦ですので、僕らも特別な気持ちになる」

　この年、槙原はプロ入り四年目。一九八一年のドラフト会議で愛知県立大府高校から一位指名を受けて巨人に入団。一九八三年四月のデビュー戦で初登板・完封の離れ業を見せるなど、一二勝九敗一セーブの活躍で新人王を獲得した。一九八四年は八勝九敗だったが、一五五km／hと当時の日本最速スピードを記録。球の速さには絶対の自信を持っていた。

　この試合、シーズン初登板となる槙原は絶好調だった。自慢の速球で阪神打線を封じ込めていく。一回裏二死後、バース、掛布に続けて四球。岡田にセンターオーバーのタイムリーヒットで一点を奪われていたが、六回までは被安打四、与四死球四の好投を続けていた。

　一方、巨人は一回表、三番、ウォーレン・クロマティの二ランホームランで二点の先取点を取った。七回表に先頭バッターの四番、原辰徳がレフトオーバーの三塁打を放ち、五番、中畑清がセンターに犠牲フライを打って、一点の追加点をもぎとり、巨人は三対一と二点リードしていた。

　そして、七回裏。槙原はいきなり先頭バッターの八番、木戸克彦にセンター前にヒットを打たれる。九番、ピッチャーの工藤の代打、長崎慶一をライトライナーに打ち取るが、一番、真弓明信に四球。続く、二番、弘田澄男をレフトフライに抑えて、二死一塁二塁となった。

　打席には三番、バースが入る。しかし、この時点で槙原はバースをまったく警戒していなかったという。この試合、槙原はバースに対しては一回が四球、三回がセカンドへの併殺打、六回がセカンドゴロと完全に抑えていた。槙原は言う。

「シーズン初登板だったので、とにかく勝ちたかったんです。そういう思いもありますし、阪神打線はそれほど当たってないという情報も入ってきていましたからね」

そのときのバースの打率は一割三分三厘。開幕戦では三打席連続三振するなど絶不調だった。

それでも一発を打たれれば、逆転されてしまうピンチの局面だ。キャッチャーの佐野元国は槙原に、最初はボール球で外していこうと提案した。しかし、槙原の考えは違った。槙原は語る。

「ボール球やボール気味から入って、三振を狙うよりも、ゴロでアウトを取りたかった。それで、初球はシュートにしようと思ったんですが、シュートを投げるのはプロに入って二回目でした」

槙原の初球、一四三km／hのシュートをバースは狙いすましたように打ち返した。

打球はセンター方向に向かった。

中堅手のクロマティが下がる。そして、天を仰ぎ見て諦めた。

逆転のスリーランホームランとなった。

## *Catcher's eye* 古田の視点

槙原が初球に投じたシュートを、バースはバックスクリーンへ叩き込んだ。

なぜ、槙原はあえてシュートを投げたのだろうか？　槙原はこう考えたと言う。

「その頃、自分のピッチングは直球勝負というか、力任せでした。でも、西本聖さんのピッチングを見ていると、ランナーは出すのに、併殺打で仕留めていた。そういう野球に憧れていたんです」

槙原が理想として思い描いていたのは、当時の巨人のエース、西本聖の華麗なシュートだった。西本はシュートを武器にして、打たせて取るピッチングで勝利を重ねていた。

実はこの試合で、槙原は西本を手本にしたピッチングを試みて、成功していた。

三回裏、先頭バッターの二番、弘田がレフト前ヒット。無死一塁の場面だった。バッターボックスには三番、バースが入った。

ここで、槙原はプロに入ってから初めてのシュートをバースに投げる。

槙原の狙い通り、バースは引っかけてセカンドゴロ。ダブルプレイに仕留めたのだ。

憧れの西本のピッチングを、槙原は初めて投げたシュートで実現することができた。槙原は言う。

「シュートを投げたら、ものの見事にゲッツーを取れた。一球で二つもアウトを取れるのは、ピッチャーとしてものすごく嬉しいんです。その快感が忘れられなかった……」

七回表は二死一塁二塁でダブルプレイの場面ではないが、シュートを投げればバースをゴロで打ち取れると槙原は考えたのだ。そして、再びシュートを投げた。だが……槙原は続ける。

「全然、曲がらなかったんです。曲がらず、半速球みたいになった」

しかし、なぜ絶不調だったバースは、槙原のシュートをホームランにできたのか？

バースは現在、アメリカ・オクラホマ州に在住。州の上院議員を務めている。部屋には、阪神が優勝したときの写真が飾られていた。バースは語る。

「前の打席の後、ダッグアウトに戻ってからビデオを見たんだ。ボールは外角に逃げていた。次の打席も槙原は同じ球を投げてくる。そう確信した」

バースは槙原のシュートを待っていたのだ。

「打席に立つときにはキャッチャーに狙い球を悟られないように、広めにスタンスを取って内角を狙っているように思わせた。でも、本当は外角のボールを狙っていた」

槙原は前の打席の成功で同じボールを選んだ。だが、そこに落とし穴があった。

バックスクリーン三連発。すべてはその一球から始まった。


「凡打の逆」という言葉がある。

凡打をしたバッターはその打ち取られたボールをマークする。例えば、真っ直ぐに振り遅れて打ち取られたら、普通のバッターは次の打席ではその真っ直ぐを打ってやろうと考えるものなのだ。つまり、キャッチャーからすれば、凡打に打ち取ったバッターの次の打席に、同じボールを選ぶと危ないということになる。だから、「凡打の逆」から入るようにしたほうがいいという。

槙原とバースの対決もこの「凡打の逆」の典型的なケースだろう。ピッチャーというのはシュートで打ち取ると、次にも同じ成功体験をしたくなる。しかし、打ち取られたほうは、やられ方をよく覚えていて、二度と同じ手でやられてたまるかと思う。

プロ野球選手になる人間はそのくらいプライドが高く、強いハートを持っているものだ。

ピッチャーは同じボールで仕留めたいと思うけれど、バッターは仕留められたボールを打ってやろうと狙ってくる。もしカーブで空振り三振したら、次の打席ではカーブを狙い打ちしてやろうと考える。クリーンナップを打つバッターは、なおさらそういう気持ちが強い。

バースは前の打席、併殺打に倒れたけれど、それをひどく悔しがっていた。そして、ビデオで確認して、二度と同じ目に遭わないように考えた。だから、外角のシュートが一番、危険だったのだ。

そのことは、キャッチャーの佐野元国にはわかっていた。だから、マウンドまで行って、槙原にボール球で外していこうと伝えた。だが、槙原はシュートに拘泥した。

そこには、慢心があった。慢心をしたら、必ずやり返される。

シュートで打ち取ったなら、バッターは次は打とうと思って、シュートを狙っている可能性が高い。だから、今度はカーブやスライダーで打ち取ることを考える。シュートを待っていて、カーブやスライダーがくると、なかなか打てない。

「凡打の逆」で攻め通すと、シュートも打てなかったが、カーブやスライダーも打てないということになる。すると、三打席目、四打席目も抑えやすくなるのだ。

さらに、セオリーとしては、逆に打たれたボールから入るという考え方もある。

プロフェッショナルのバッターが前の打席、ストレートでホームランを打っていたとする。すると、次のバッターボックスに入るとき、ほとんどのバッターは「さっきはストレートで攻めてきて、打たれたから、今度は違うはずだ。別の違う得意なボールで攻めてくる」と考える。

だから、「まず、打たれた球から入れ」というセオリーもある。

打たれた球がノーマークになっていることもあるのだ。

打たれた球と違う得意な球から入ると狙われている可能性が高く、逆に危ないこともある。

## 掛布雅之の槙原との因縁とバッティング技術

バースの逆転三ランホームランの次に打席に立ったのは四番、掛布雅之だ。

甲子園球場のテンションは、最高潮に達していた。

「かっ飛ばせ！　カ・ケ・フ！」――観客のボルテージは上がりっぱなしだった。

ただ、バッターボックスに入った掛布にはある思いがよぎっていた。

二年前の四月。槙原が初登板、初完封した相手は阪神だった。

その試合で掛布は槙原に完璧に抑え込まれた。

最後の打席に立ったのも掛布だ。センターフライで打ち取られた。

入団二年目の高卒ルーキーに完封されるという屈辱を味わったのだから、いわば因縁の相手だったわけだ。掛布は言う。

「初勝利、初完封の試合で最後のバッター……。その悔しさをずっと引きずっていた。だからあのときのホームランは、バース、岡田との三連発ということを別にしても、いろんな因縁があったなかでの一本だった。僕にとって忘れられない打席なんです」

槙原の初球は内角へ食い込むカーブだった。ストライクだったが、掛布は見送った。

二球目のストレートは外角に外れてボール、手を出さなかった。

槙原との勝負には冷静に臨みたい——掛布は後にこう語っている。

「球場を一度静かにさせて、槙原との勝負の間をつくりたかった。だから、一球目のボールは打つ気はまったくなかったんです」

掛布がとった間合いもそういう気持ちからのものだ。

一ボール一ストライクの後、三球目。槙原は自慢のストレートで攻めた。

内角高めの一四四km／hのストレートを掛布は思いっきり打ち返す。

ボールはセンター方向へ向かう。

中堅手のクロマティは直前のバースの打球を追ったが、掛布の打球は見上げるだけだった。

このときのことを槙原はこう振り返る。

「掛布さんにはやっぱり、真っ直ぐでいこうと思った。自分としては力いっぱい投げたつもりですし、悪いボールではなかったと思います。あれをホームランにされたことはそうないですからね」

会心のバッティングではなかったと掛布は言う。

「打った感覚としては、ちょっと差し込まれてしまっていた。だから、スタンドまではいかないだろうという手応えだったんです」

槙原が勝負をかけた速球に、掛布は差し込まれそうになった。それをうまく押し返して、ホームランにしたのは、左手を使った渾身のバッティング技術だった。掛布は言う。

「ヒッティングポイントが身体に少し近かったんです。ボールはバットの芯に当たっているけれど、左手を押し込む感覚がすごくあった。差し込まれているけど、あれだけ左手で押し込めたから、スライス回転のような打球になって、ホームランの軌道に乗っていくイメージもあった」

## Batter's eye ①　古田の視点

掛布は槙原の速球に差し込まれた。しかし、左手を押しこむことで修正して、バックスクリーンへボールを運んだ。掛布のバッティング技術の勝利だった。

槙原の掛布への三球目はインコース高めだった。

バッティングでは高めなら高めほど、インコース寄りならインコース寄りほど、ヒッティングポイントを前で打たなければならない。バットの芯はヘッド寄りにあるから、芯に当てるためにはヒッティングポイントを前に持っていく必要があるからだ。逆に、外角高めのボールを打つときに芯に当てるためにヒッティングポイントを後ろ寄りにする。

インコース高めなら、掛布としてはヒッティングポイントを前にして打ちたいところだ。左バッターの掛布はホームランにするなら、前寄りで打ってライトや右中間に持っていきたい。

しかし、槙原のボールは予想以上に速かったので、少し後ろ寄りで当たってしまった。

普通は振り遅れてバットの根っこのほうに当たって詰まらされるのだが、掛布は打つ瞬間に少し身体を下げて、身体を反り気味にすることで、バットの芯への距離を保とうとした。

そのままなら芯よりも少し手前に当たって、振り遅れて詰まることになるが、左手で押さえ込むことで、バックスクリーンに打ち返すことができた。

そこには、プロフェッショナルのバッティング技術がある。

バットのスイングは〇・〇何秒の世界だが、その瞬時のうちにバットコントロールを修正しなければならない。まずいと思った瞬間、バットの芯の少し先に当たって詰まると思った瞬間、〇・〇何秒の間に身体を下げて、反り気味にしてバットの芯に近づけて、それでも少し振り遅れ気味なので、左手で押さえ込もうとする――その結果、掛布は詰まってセンターフライで終わるところを、バックスクリーンまで持っていったのだ。

また、ボールがコンタクトしてから飛距離を出すのには、前の手だけでは力が入らない。やはり、後ろの手でぐっと押さえ込んでいったほうが力が入って飛距離が出る。左バッターの掛布は、後の左手で押さえ込むことで飛距離を出したのだ。

## 岡田彰布は三本目を狙って打った

続いてバッターボックスに立ったのは、五番、岡田彰布だった。入団六年目、掛布の後継者として首脳陣、フロント、選手たちから期待されるバッターに成長。この年から選手会長も務めていた。ただ、このとき岡田は焦りを感じていたという。岡田は語る。

「あの年、まだホームランが出ていないという焦りの気持ちが強かった。目の前でバースがシーズン第一号を打って、掛布さんも前の日に続いて第二号を打った、真弓さんは開幕初戦で打っている。開幕四試合目だったけど、はやくホームランを打ちたかった。なので、焦りもあったし、取り残されたという気持ちもあったんですよ」

この試合、岡田はヒットを二本、打っていた。

そして、槙原の投球パターンを冷静に観察していた。

バースには内角高めのストレートで攻めてきた。掛布には内角高めのストレートで攻めてきた。

「もう絶対真っ直ぐは投げてこない。変化球だ」――岡田はそう読んだ。岡田は言う。

「右バッターにはスライダーが多かった。左バッターには真っ直ぐかフォークでしたが、普通に考えればスライダーで勝負してくるのかな、という」

実際、槙原はスライダーで岡田を攻めた。初球は外角へのストレートでストライク。岡田は見逃す。二球目、外角への一二九km／hのスライダー、読み通りの球がきた。岡田は狙いすましてバットを振る。打球は高く上がって、バックスクリーン奥深くへと吸い込まれていった。

阪神のクリーンナップによる、バックスクリーン三連発が完成した。

そして、この三本目こそ、狙わないと打てないホームランだった。被弾した槙原はこう語る。

## Batter's eye ㈡ 古田の視点

「すごくタイミングが合っていました。それに、岡田さんはセンター方向へのホームランが多いタイプのバッターではありませんからね。狙っていたんだと思います」

右バッターへ外に逃げるスライダーを、岡田はバックスクリーンに弾き返している。球種を読んでいなければ、できないバッティングだった。

右バッターの岡田はスライダーが外に曲がったら、身体は泳いでしまう。当てにいこうと思うと腕が伸びるから、打球はライト方向へ飛ぶことになる。

打球がライト方向に飛ぶのは、ヘッドが下がるからだ。ボールを上げようと思うと窮屈な打ち方になるので、自然とバットのヘッドは下がる。

また、ヘッドが下がるとボールに横のスピンがかかってしまうので、飛距離が出なくなって、普通、スタンドまでは届かない。ところが、岡田はスライダーをバックスクリーンに叩き込んだ。

これはスライダーを狙い打ちしたからだ。外に曲がる球を待ち構えていて、普通に打つとライトに飛んで横スピンがかかってしまうため、少し外寄りからバットを出したのだ。

このバッティング技術も掛布と同じくらい、素晴らしいものだ。

岡田は恐らく、掛布がホームランを放って、場内が騒然となったときに頭を整理していた。球場の熱狂はしばらく続いた。だが、本人は焦っていたと言うが、逆に冷静になって、次のボールのことを考えていた。掛布には真っ直ぐだったが、「自分にはたぶんスライダーがくる。スライダーならこうやって打ってやろう」とイメージしていたのだと思う。岡田のホームランは、どういうボールがくるかだけでなく、どうやって打つのかまで狙ったバッティングだった。

岡田はレフト方向へのホームランが多かったのに、このときはなぜ、バックスクリーンへの一撃になったのか？　一言でいうと、槙原のボールが岡田が引っ張れる限界のコースにきたからだ。

岡田はスライダーを狙い打ちして、外に遠いボールを引きつけてレフトに引っ張っていこうという構えで待っていた。ボールが真ん中寄りに甘く入っていたら、バックスクリーンではなく、恐らく打球は左中間かレフトへのホームランになっていた。

だが、それではこれほど語り継がれることになる伝説にはならなかっただろう。

インコースを引っ張るのは簡単だが、アウトコースを引っ張るのはむずかしい。だが、この打席、外角へ逃げていくスライダーにバットを遠めに外から出して、手首を返してセンターに叩き込んだ。

スライダーがくる。そう確信していたからこそのバッティングだ。

スライダーを予想していなかったら、真ん中寄りから外角に逃げていくボールに当てるために追いかけることになる。だから、引っ張り気味のバッティングはできない。絶対、曲がると信じていたから、遠目からバットを出して、ホームランにできた。しかも、槙原の投げたボールは、岡田がぎりぎりセンター方向、バックスクリーンへ運べるコースだった。

## Leader's eye　古田の視点

阪神打線のバックスクリーン三連発。このときに阪神、巨人、両軍の監督はどう動いていたのだろうか？　当時、阪神の監督は吉田義男、巨人の監督は王貞治が務めていた。

阪神の吉田義男も現役時代、巨人の王貞治に負けない名選手だった。

阪神甲子園球場の一塁側外周。ここには阪神タイガースの永久欠番となった三選手のレリーフが飾られている。タイガース草創期のスーパースター、背番号一〇の故・藤村富美男、通算二二二勝をあげた炎のエース、背番号一一の故・村山実、そして、華麗な守備で牛若丸と呼ばれファンを魅了した遊撃手、背番号二三の吉田義男だ。

三人とも阪神の監督を務めたが、この年まで阪神は日本一になったことはなかった。直近のリーグ優勝も二一年前の一九六四年。この年まで永久欠番の三人の監督でもリーグ優勝すら経験したことがなかったのだ――それだけ、リーグ優勝、日本一は阪神の悲願になっていた。

この年から吉田は阪神の監督に就いたが、実は二度目のことだった。

吉田は通算三度、阪神の監督を経験している。一度目は一九七五年から一九七七年の三年間、二度目はこの年、一九八五年から一九八七年、三度目は一九九七年から一九九八年だ。

監督として、吉田は選手に自由にやらせるタイプだったという。ランディ・バースは言う。

「監督に就任したときに最初に言ったことは、『君たちはやりたいようにやれ。ルールも規則もない』だった。そんなことは、それまで日本では聞けなかったことだ。彼のチームにいることができて、光栄だと思っているよ」

ちなみに、吉田の監督就任が決まった一九八四年オフ、バースは守備の不安から解雇の候補になっていた。吉田はバースの実力を見込んでそれを覆したのだが、それが二度目の監督としての初仕事になった。掛布はこう振り返る。

「クリーンナップに対して、一切、サインはありませんでした。それに、三ボールのときにも打ちなさいというのが、吉田さんだったんです。狙ったボールがきたら、どんなカウントからでも打っていこうという考え方をしていた。選手時代は華麗な守備で有名でしたけれど、あれほど攻撃的な監督はいないと思います」

阪神は三連発の直前、大胆な攻撃を仕掛けていた。

七回裏、一死一塁。バッターは一番、真弓明信の場面。七回表に一点を追加されて、一対三で二点ビハインドしていた。何としても、クリーンナップまで回したいところだ。

ところが……木戸克彦の代走、北村照文が盗塁を仕掛けた。掛布は語る。

「そのあたりも選手の自由。足の速い選手であれば、いけると思ったらいきなさいという」俊足で鳴らした北村は二塁を陥れた。クリーンナップを前にリスクを冒すのは、セオリーに反する型破りな戦術だ。ただ、だからこそバッテリーは動揺して、槙原は次のバッター、真弓にフォアボールを許してしまったのかもしれない。槙原は言う。

「あの場面での盗塁は全然、考えていなかった。だから、ある程度、無防備だったので、ノーマークでいけるという感じだったのかもしれない。そこにつけこまれたわけですが、ランナーが一塁と二塁とではプレッシャーのかかりようが違います」

一死一塁二塁。結果として、状況は同じだが、真弓へのフォアボールは、北村が盗塁したからこそ生まれたものだ。

また、フォアボールを出したことで、槙原は一打逆転という厳しい状況に追い込まれた。二塁にランナーを進めて、槙原にプレッシャーをかける――吉田の攻める野球が、バックスクリーン三連発を呼び込んだと言える。


一方、王監督はどういう野球を目指していたのか？　槙原はこう語る。

「普通だったら、バース、掛布に二発打たれたところで交代です。あまりの急展開だったから、次のピッチャーを用意していなかったかもしれませんけどね。岡田さんに打たれた後、監督は相当怖い、険しい表情だったんですが、どう声かけられて、何を話したのかまったく覚えていません。そして、試合後、すぐにミーティングがありました」

当時、巨人ではシーズン中も含めて、外出禁止も頻繁にあったという。

だが、阪神はまったく逆だったと掛布は言う。

「連敗が続いたりすると、監督が帰りのバスのなかで『ちょっと貸してください』とマイクを取って、逆にこう言っていました。『今日は門限なしだから、朝まで遊んでこい』。吉田監督はそういう人なんです。朝まで遊んで、気持ちを切り替えたほうがいいという」

選手を自由にさせる吉田監督と、厳しく指導する王監督。伝説の試合はそんな対照的な監督が激突したゲームでもあった。

どちらがいい、どちらが悪いということではない。阪神、巨人にはチームカラーがあるし、目指す野球も違っている。ただ、阪神は当時、チームとして低迷していた。

何か新しいことをしなければならないときだった。

戦力が充実した巨人とまともにがっぷり四つで戦ったら負ける。

何らかの奇襲、型破りな戦術を使えば、何とかなるかもしれない。

そう考えて、チーム一丸となって、いろいろなアイデアを出して、試していく。そういうプロセスのなかでは、あまり規律を厳しくしない戦略も有効だろう。一九八五年の阪神はそれがうまくいき、バックスクリーン三連発、その直前の盗塁を生んでいったのだ。

どのスポーツでも基本としては、監督がゲームを支配する。

だが、やはり戦っているのは、現場の選手たちだ。その選手たちは監督に「お前らが好きなようにやれ！」と言われれば、意気を感じる。盗塁をしてやろう、狙い球を絞ってフルスイングをしてやろうと思う。結果、監督の選手への信頼が好循環していき、素晴らしいプレイが生まれたのだ。

一九八五年、日本一に輝いた阪神タイガース。チーム本塁打は二一九本で当時のリーグ記録だった。ランディ・バースは打率三割五分、本塁打五四本、打点一三四で三冠王に輝き、掛布は打率三割、本塁打四〇本、打点一〇八、岡田も打率はバースに次ぐリーグ二位の三割四分二厘、本塁打三五本、打点一〇一。阪神打線のクリーンナップは素晴らしい成績を残した。

さらに、ゴールデングラブ賞に岡田、掛布、平田、木戸の四人が選ばれていた。

吉田義男の背番号二三が永久欠番になったのは、一九八七年一〇月一三日のことだった。一九六九年の引退後、ふさわしい選手が入団するまで欠番になっていたのだが、日本一となった第二期監督退任に合わせて正式に永久欠番とされた。選手としての活躍に加えて、監督としての手腕、実績が評価されてのことだが、他に例を見ないことである。

# おわりに

プロ野球八〇年の歴史のなかでの名勝負で、本書で取り上げたのは、八〇年代後半以降のゲームだ。映像のアーカイブが残っていることもあるが、何より私自身がリアルタイムで感動した試合を取り上げたかったからだ。

この本で取り上げた一番古い「阪神・バックスクリーン三連発」は一九八五年、私は一九歳の大学生だった。大学野球で何とか成績を残していたが、プロ野球選手は夢の職業だった。バースさん、掛布さん、岡田さんの超人的なプレイにものすごく興奮したのを覚えている。

衝撃的な〝事件〟だった。それは、すべてのベストゲームも同じだ。

今回、自分にとってのレジェンドの方々に詳しい話を聞けたことは、今後の自分の財産になっていくに違いないと思う。

本書で取り上げた名勝負には、自分が出場しているゲームもある。

非常に恐縮なのだが、スタッフが選んでくれた――「Best Game File 06　ＩＤ野球とギャンブルの逆襲」。当時、ヤクルトスワローズは弱いチームで、一四年間も優勝できなかった。

それが、自分がチームに入って三年目、一九九二年にリーグ優勝して、日本シリーズでは常勝軍団、西武ライオンズと対決した。

前評判は四戦全敗で負けるのではないかと言われていたが、三勝三敗までもつれこんだ。

結果として、第七戦は二対一で負けたのだけれど、この敗戦があったからこそ、一九九三年の日本シリーズのドラマがある。勝利への執念、二年越しのリベンジが、奇しくも同じ三勝三敗で迎えた最終戦を勝つことができたと思う。野村克也監督や広澤克実さん、自分たちチームメイトの日本一への思いが物語を呼んだ。野球の勝負は、一瞬一瞬だけではないのだ。

これからも、歴史に残るような名試合は繰り広げられていくだろう。

二〇一五年、ヤクルトスワローズは一四年ぶり、七度目のリーグ優勝を遂げたが、日本シリーズではソフトバンクホークスに惨敗した。雪辱を果たせるのか？　二〇一五年に世界ランキング上位一二か国・地域が出場する新設の国際大会「WBSCプレミア12」で侍ジャパンはまさかの三位。二〇一七年のワールド・ベースボール・クラシックで面目を一新することはできるのか？　さらに、二〇二〇年の東京オリンピック。正式決定は今年八月のIOC総会を待たなければならないが、野球が追加種目となる公算は高い。自分も観客として楽しむつもりだ。

この番組に巡り逢って、単行本として出版できて、いま改めて、よかったと思っています。野球の本当のおもしろさをもっともっと、たくさんの方々にわかってもらいたい――この本には自分のそういう思いが込められています。

本文では、紙面の都合上、敬称略とさせていただきました。

番組と本書に登場、証言してくださった方々に、本当に感謝しています。

また、貴重な機会を与えてくださり、プロフェッショナルな映像の仕事をしてくださった、番組スタッフの方々、ありがとうございました。

二〇一六年二月

古田敦也

NHK BS1
**『古田敦也のプロ野球ベストゲーム』**
**制作スタッフ**

共同テレビジョン

ディレクター
河合 優／河合 潤

プロデューサー
川畑雅一

東京ビデオセンター

ディレクター
梅田典幸／千石茂伸／名渕 崇

プロデューサー
芹澤 誠

日テレ アックスオン

ディレクター
大矢浩之／千田良一／長縄 亮

プロデューサー
小泉敏邦

NHKグローバルメディアサービス

チーフ・プロデューサー
江川靖彦／柴野恭範

NHK編成局コンテンツ開発センター

チーフ・プロデューサー
川畑和久

**古田敦也**　ふるた・あつや

1965年8月6日、兵庫県川西市生まれ。兵庫県立川西明峰高等学校卒業後、立命館大学経営学部に入学。関西学生リーグで活躍後、トヨタ自動車入社。88年、ソウルオリンピックで銀メダル獲得。89年、ドラフト2位でヤクルトスワローズに入団し、一年目から正捕手を任される。91年セ・リーグ首位打者、93年／97年セ・リーグMVP、97年正力松太郎賞、97年／2001年日本シリーズMVPを獲得。ゴールデングラブ賞を10度受賞、通算盗塁阻止率歴代1位。05年、大学を卒業した社会人野球出身選手として初めて通算2000本安打を達成。06年、29年ぶりの選手兼任監督となるが、07年現役引退、監督退任。著書に『古田式・ワンランク上のプロ野球観戦術』(朝日選書)、『フルタの方程式』『フルタの方程式　バッターズ・バイブル』(ともに朝日新聞出版) ほか多数。

# ベストゲーム

## プロ野球最高の名勝負

2016年4月5日初版発行

| | |
|---|---|
| 著者 | 古田敦也＋NHK取材班 |
| 発行人 | 内田久喜 |
| 編集人 | 松野浩之 |
| 編集協力 | 羽柴重文／南百瀬健太郎 |
| 装丁 | 武藤将也 (NO DESIGN) |
| カバー写真 | 江藤海彦 |
| 発行 | ヨシモトブックス<br>〒160-0022 東京都新宿区新宿5-18-21<br>☎03-3209-8291 |
| 発売 | 株式会社ワニブックス<br>〒150-8482 東京都渋谷区恵比寿4-4-9 えびす大黒ビル |
| 印刷・製本 | 株式会社光邦 |



ISBN978-4-8470-9314-2